WORN, SOILED, OBSOLETE

Secretos de la Luz

MILLENIUM

Secretos de la Luz

Dannion Brinkley
con Kathryn Brinkley

Traducción de Tomás Masero

VERGARA
GRUPO ZETA

Título original: *Secrets of the Light: Lessons from Heaven*
Traducción: Tomás Masero
1.ª edición: mayo 2010

© 2008 by Dannion Brinkley and Kathryn Brinkley
© Ediciones B, S. A., 2010
 para el sello Vergara
 Consell de Cent 425-427 - 08009 Barcelona (España)
 www.edicionesb.com

Publicado por acuerdo con HarperOne, un sello de HarperCollins Publishers

Printed in Spain
ISBN: 978-84-666-4304-7
Depósito legal: B. 11.362-2010

Impreso por LIBERDÚPLEX, S.L.U.
Ctra. BV 2249 Km 7,4 Polígono Torrentfondo
08791 - Sant Llorenç d'Hortons (Barcelona)

Todos los derechos reservados. Bajo las sanciones establecidas en el ordenamiento jurídico, queda rigurosamente prohibida, sin autorización escrita de los titulares del *copyright*, la reproducción total o parcial de esta obra por cualquier medio o procedimiento, comprendidos la reprografía y el tratamiento informático, así como la distribución de ejemplares mediante alquiler o préstamo públicos.

A los miembros de la brigada Twilight:

*Os damos las gracias por el trabajo incansable
y el valeroso compromiso que habéis asumido
al acompañar hasta el final a aquellos que abandonan
este mundo. Cada uno de vosotros constituye una
inspiración divina así como un ejemplo de compasión
y servicio.*

*A Ralph Everett Coleman y Kathryn Kat-Kat
Marie Coleman.*

*Sencillamente no hay palabras para expresar lo mucho
que se os quiere y echa de menos.*

Índice

Prefacio   11

PARTE I
ALLÍ Y AQUÍ

UNO.	Mi alegre danza con la muerte	19
DOS.	Viviendo entre dos mundos	37
TRES.	Lejos del hogar	43
CUATRO.	Lo que buscas, te busca	51
CINCO.	Sincronicemos nuestros relojes	59
SEIS.	No más excusas	67
SIETE.	Otra vida muerde el polvo	75
OCHO.	Diversos grados de Cielo	85
NUEVE.	El fértil vacío	95

PARTE II
EL CUÁDRUPLE CAMINO AL PODER

DIEZ.	Y ahora, el resto de la historia	109
ONCE.	El Poder del Amor	119

DOCE.	El Poder de la Elección	131
TRECE.	El Poder de la Creencia	137
CATORCE.	El Poder de la Oración	143

PARTE III
LAS SIETE LECCIONES DEL CIELO

QUINCE.	Lección Uno	153
DIECISÉIS.	Lección Dos	163
DIECISIETE.	Lección Tres	171
DIECIOCHO.	Lección Cuatro	179
DIECINUEVE.	Lección Cinco	185
VEINTE.	Lección Seis	193
VEINTIUNO.	Lección Siete	197
VEINTIDÓS.	El repaso panorámico de la vida	207
CONCLUSIÓN.	Si es verdad, ¿qué haremos?	215

Prefacio

El 17 de septiembre de 1975 mi vida cambió para siempre. Ese día me abatió un rayo y caí fulminado. No lo vi venir, y la muerte me alcanzó sin creer en Dios alguno y sin tener ninguna opinión a propósito de la vida después de la muerte. En ese momento yo tenía veinticinco años y estaba absolutamente abierto a todo. Así pues, lo que encontré fue nada menos que ¡el amplísimo mundo de la vida después de la muerte! En el Reino de los Cielos me mostraron la gloria de Dios, así como la magnificencia de la humanidad. Después de pasar veintiocho minutos del otro lado del velo, me hicieron regresar para propagar la buena nueva: «la muerte no existe».

En 1994 se puso en contacto conmigo un editor para proponerme publicar un libro dedicado a mis aventuras en el Cielo. Al principio, no encontré ninguna razón de hacerlo ya que no veía con claridad quién podría tener interés en leerlo. Yo no era ningún famoso y estaba lejos de ser conocido por el público. Apenas era un muchacho sencillo de campo, con una gran historia de sobremesa para contar; difícilmente podía pensar que ésta tuviera los ingredientes necesarios para convertirse en un *best seller*. Bien, ¡resulta ser que me equivoqué! Con la enorme ayuda de Paul Perry, mi coautor, *Salvado por la Luz* estuvo la friolera de veintiséis semanas en la lista de libros más vendidos del *New York Times*. Alrededor de la octava o novena semana de aparecer en la lista, tomé conciencia de que la gente estaba realmente interesada en saber más sobre la vida después de la muerte.

Un año más tarde, HarperCollins publicó nuestro segundo libro. Esa vez, *En paz y en la Luz* vendió más de seiscientos mil ejemplares. El tema central del libro es una mirada en profundidad sobre las Cajas del Conocimiento que me habían mostrado durante mi primera experiencia de casi muerte. Ese día en el Cielo, más de cien visiones sobre el futuro se descargaron en mi cerebro para ser guardadas en él. Pude ver el hambre, la guerra y la destrucción del medio ambiente. Pude ver enfermedades creadas por el hombre, implantes de chips y transacciones especulativas que conducían a un aumento astronómico del precio del petróleo. Pero también pude ver el futuro de la medicina avanzando hacia terapias lumínicas no invasivas, similares a las que se iban a poner en funcionamiento para reducir el estrés en los centros que me han enviado a construir.

Mi intención era comenzar rápidamente un tercer libro para mis lectores, pero me encontré con algunos inconvenientes. En primer lugar, se interpuso en mi camino un grave problema de salud que me condujo a una operación de cerebro. En 1997 tuve que enfrentarme de cabeza con eso (y perdón por el juego de palabras). Una vez me hube recuperado, toda mi disposición mental había cambiado. El libro que había planeado escribir ya no me resultaba atractivo. Durante la operación de cerebro, tuve otra experiencia de casi muerte y en ella recibí una serie de revelaciones que me resultaban muy difíciles de compartir. Baste con decir que estaba muy lejos del gran espectáculo revestido de gloria que tanto había disfrutado en 1975. No obstante, la necesidad de divulgar mi conocimiento me obsesionó durante años. Cuando el siglo XX dio paso al nuevo milenio, Kathryn, mi esposa, me animó con entusiasmo a que diera a conocer los secretos que había conocido en la luz. Finalmente acepté hacerlo, pero con una condición: que ella fuera mi coautora. Sabía que, con su talento como escritora y mi afición a la oratoria, podíamos escribir un libro excelente. Y eso fue precisamente lo que hicimos en 2004. *Los secretos de la Luz: siete enseñanzas del Cielo* fue publicado por nosotros mismos en Heart Light Productions, nuestra editorial, con los fondos recaudados a través de las donaciones a la Twilight Brigade (Brigada Crepuscular), nuestra organización sin fines de lucro para la preparación de voluntarios que atienden a enfermos terminales.

A Kathryn y a mí nos encantó la magnífica recepción que tuvo nuestro libro. Después de haber agotado la primera edición, decidí acercarme a HarperOne para ver si, por casualidad, podrían estar interesados en publicar una segunda edición. Y ¡quién lo diría!, Michael Maudlin, el director editorial, aceptó morder el anzuelo. Dios lo proteja. Pero, para mí y para Kathryn, el verdadero trabajo estaba a punto de comenzar.

Al releer lo que habíamos escrito tres años atrás, observamos que habían ocurrido numerosos cambios en el mundo y que nosotros habíamos alcanzado una profunda comprensión a través de la experiencia. Por sobre todo, parecía haber una nueva ola pasando por encima del mar de percepciones de la humanidad, en especial en lo que se refería a religión *versus* espiritualidad. En poco menos de dos mil años, nuestra concepción de lo sagrado había pasado de lo pagano a lo devoto, para volver nuevamente a una espiritualidad más natural y bondadosa. Los fieles habían transitado desde la sexualidad sagrada en un bosque mágico al estricto control eclesiástico sobre el más mínimo detalle de sus vidas. Más tarde, en la década de 1960, habíamos vuelto a acariciar una idea renovada del amor libre y una relación más personal con la divinidad. Las lecciones que aprendí en el Cielo confirman la necesidad de alcanzar una nueva comprensión de nuestra naturaleza espiritual. En tanto seres espirituales que vivimos una experiencia humana, tenemos que reconsiderar nuestras prioridades imperecederas. «Para siempre» no es tanto tiempo como uno piensa, es muchísimo más. Sólo si pensamos desde la perspectiva del infinito, es posible comprender la cantidad de trabajo que necesita realizar cada alma en el curso de una vida. Puesto que estamos hechos a imagen de Dios, a todos nos será necesario crecer y evolucionar, aprender y madurar, crear y recrear ad infinítum.

Esta versión actualizada de *Secretos de la Luz* está pensada para ayudarnos a lograrlo. Es una ofrenda amorosa que Kathryn y yo hacemos al mundo. Esperamos que las lecciones celestiales de estas páginas contribuyan a forjar un amor más profundo y un mayor entendimiento en el corazón de la verdad eterna. El universo está sistemáticamente diseñado para asistirnos en la realización de nuestros deseos personales. Sólo quiere vernos felices. A partir de las enseñanzas celestiales, ofrecemos a continuación la instrucción práctica para aplicar diariamente los principios espirituales, concebidos para potenciar y darle pasión a la vida, aquí y en el Más Allá.

PARTE I

ALLÍ Y AQUÍ

UNO

Mi alegre danza con la muerte

> El arte de vivir y el arte de morir bien son una sola cosa.
>
> Epicuro

La primera vez que caí muerto, no fue tan espeluznante como yo hubiera pensado. A decir verdad, a los veinticinco años, no había pasado demasiado tiempo pensando en la muerte; al menos, no en la mía. Sin embargo, entre 1975 y 1997, me las arreglé para morir una vez y para bailar abrazado con la muerte en dos experiencias cercanas a la misma. Buena parte de mi historia la he contado en mis dos primeros libros, *Salvado por la Luz* (1995) y *En paz y en la Luz* (1996). Pero en este volumen sólo quiero relatar aquella parte de la historia que nos permita acercarnos al propósito central del libro: de qué manera podemos vivir nuestras vidas con más plenitud y menos temor.

Allá por 1975, yo era un hijo de su madre engreído, que podía detener una trompada, desarmar un rifle y arreglar un Chevy del 57 con un brazo atado detrás de la espalda. Más allá de eso, y fuera de una noche ocasional con mi chica, todo me importaba un bledo. En mi pueblo, era el bravucón al que todos odiaban. Es más, eso era exactamente lo que me gustaba. Creía haber creado el mundo perfecto para mí, hasta que, en la noche del 17 de septiembre de 1975, muy cerca de mi casa en Carolina del Sur, se desató una tormenta eléctrica letal.

Durante varias semanas, yo había estado trabajando fuera del pueblo. Ese día, mientras me ponía al día con un amigo por teléfono, cayó un rayo directamente en el exterior de la casa. Como un misil que busca el calor, rápidamente fue atraído por una línea de teléfono sin conexión a tierra. En segundos, abrió una brecha de carne y huesos fundidos y entró en mi cabeza a través del auricular del teléfono. Todo pasó tan rápido, que no hubo tiempo de reaccionar. A pesar de que oí un sonido ensordecedor, como el de una locomotora de alta velocidad precipitándose contra mi oído, el rayo estalló dentro de mi cabeza antes de que pudiera pensar en colgar. Entonces ya era demasiado tarde; el rayo había decidido abrirse camino a través de mí. De inmediato, me elevó sobre el suelo del dormitorio y me mantuvo suspendido en el aire. Un horrible dolor aturdió mis sentidos mientras la electricidad se abría paso quemándome todo el cuerpo, grabando sus feroces iniciales a lo largo de mi columna. Mi cuerpo se quemaba desde dentro hacia fuera. Resultaba más allá de lo tolerable: era algo verdaderamente torturante, al punto de resultar incomprensible. No podía pensar; ni siquiera fui capaz de gritar. Cuando el rayo salió por mis pies, caí en la cama como si me hubieran arrojado con violencia, doblando notablemente el somier en el proceso.

Para entonces mi novia, Sandy, había oído la conmoción y había acudido corriendo desde la cocina para ver qué estaba sucediendo. Horrorizada ante la visión que tenía delante, se quedó sin aliento. Allí estaba yo, gravemente quemado y quebrado, despatarrado sin vida sobre la cama. De inmediato ella inspiró profundamente e intentó la resucitación cardiopulmonar. Recuerdo haberla observado actuar. Yo me hallaba en lo alto, debajo del cielo raso, en el extremo opuesto del cuarto y, aunque flotaba encima de la escena, en ningún momento se me ocurrió que, en realidad, estaba muerto.

Es evidente que en esa época la profundidad de mi concepción espiritual era muy limitada, por no decir fatalmente errónea. Me había criado en el Sur Profundo y, como muchos saben, allí de donde yo provengo todo el mundo está condenado a ir al Infierno. En tanto sobreviviente de ese ambiente religioso fundamentalista, yo no poseía un encuadre espiritual que me permitiese entender con qué iba a encontrarme. Nunca había oído hablar de una experiencia de casi muerte. El doctor Raymond Moody todavía no había acuñado esa expresión. Y yo no habría creído en ella, aun cuando la hubiese escuchado. Nunca había perdido el tiempo con esa clase de tonterías cósmicas. Para mí, el mundo de la mística no tenía el menor interés. Pero, a partir de ese instante de 1975, todo lo espiritual contó con mi total y absoluta atención. ¡Supongo que se podría decir que el rayo modificó para siempre mi actitud!

Antes de que pasara mucho tiempo, desde mi punto de

vista panorámico justo debajo del cielo raso, vi a Tommy —el amigo con el que había estado hablando por teléfono— que se precipitaba en el dormitorio. Aterrado por la abrupta manera en que nuestra conversación había terminado, había colgado el teléfono y corrido hacia mi casa. Habiendo sido entrenado como técnico médico en la Marina, Tommy de inmediato se hizo cargo del intento de resucitación, mientras Sandy corría a la casa de al lado a llamar una ambulancia. Yo los observaba con gran curiosidad y sin sentir la menor molestia física. Ese tormento tremendo y abrasador que me había atenazado hacía apenas unos instantes ahora había desaparecido por completo.

Mientras acontecía todo esto, vi que de Tommy y Sandy emanaba un calidoscopio vibrante de colores vivos, que me dejó pasmado. Asimismo, cuando le eché una mirada al cuarto, todo me pareció estar literalmente vivo y vibrar de color. Incluso los cajones de madera del rincón irradiaban una energía múltiple. ¡Qué sorprendente visión para un palurdo! Ojalá todo el mundo pudiera ver lo que yo contemplé esa noche. Esa visión, por cierto, cambió por completo mi forma de relacionarme con la vida animada, e inclusive con la inanimada, hasta el día de hoy. Ya no ignoro la vívida fuerza espiritual, única y bella, que fluye a través de toda creación en el mundo físico. Presenciar la manera entrelazada en que todo se conectaba, se entrecruzaba y se relacionaba en los niveles más profundos de una matriz altamente organizada de energía en red constituía, para mí, una nueva realidad abrumadora e innegable. Sin embargo, por más estimulante que fuera ese descubrimiento, había de palidecer en comparación con lo que aún estaba por suceder. Antes de que la noche terminase, mi destino me llevaría a presenciar las maravillas sobrecogedoras de los reinos celestiales.

Pero antes, Sandy volvió corriendo de la casa de los vecinos, aturdida y sin resuello, para decirle a Tommy que los técnicos médicos estaban en camino. Ella estaba impaciente por reanudar sus esfuerzos para volver a poner en marcha mi corazón. Por suerte, Sandy hacía poco que había terminado un curso de resucitación cardiopulmonar pagado por su empresa. Además, su confianza en la efectividad de esa técnica había aumentado enormemente debido a la desesperación que sentía por que yo volviera a respirar. En un último y frenético intento por revivirme, Sandy había juntado las manos por encima de su cabeza y las había levantado para dejarlas caer contra mi pecho con un golpe seco, potente y doloroso. En el momento del impacto, abrí los ojos y aspiré con dificultad. Al instante, sentí como si mi cuerpo estuviera apretado por una camisa de fuerza paralizante, una camisa embebida en ácido. Esa sensación agónica duró sólo un par de minutos antes de que comenzara a padecer violentas convulsiones. Segundos después, volví a salir de mi cuerpo.

Justo a tiempo para evitar que Sandy se pusiera completamente histérica, los técnicos médicos se precipitaron en mi casa sin perder tiempo en golpear y empezaron a trabajar sobre mí con precisión febril. Casi de inmediato, me subieron a la parte trasera de la ambulancia, con Sandy a mi lado. Detrás de nosotros venía el coche de Tommy siguiendo el corto trayecto hasta el hospital. Yo permanecía sentado al lado de mi cuerpo, enfrente de Sandy. El técnico médico puso las paletas en mi pecho varias veces, pero finalmente se dio por vencido. Creyó que toda ayuda era inútil. Pese a todo, le dijo a Sandy que pronto llegaríamos a urgencias, y que allí continuaría trabajando en mi cuerpo. Ella lloraba en silencio, con el rostro entre las manos. Yo intentaba consolarla, decirle que estaba a su lado, pero ella no podía oírme. Recuerdo haber observado mi rostro y mi cuerpo muy cuidadosamente. También recuerdo el disgusto que me produjo mi aspecto. Siempre me había preciado de ser un semental bien parecido, pero esa noche parecía literalmente un cadáver calcinado. Es curioso cómo el orgullo y el ego son las últimas vanidades humanas en desaparecer.

Cuando la ambulancia chirrió al detenerse ante las puertas del hospital, varias personas llegaron corriendo. A Sandy y Tommy los enviaron a una sala de espera y mi cuerpo fue rápidamente transportado a la sala de urgencias, justo a tiempo para ser declarado muerto al llegar. En el hospital era un viernes por la noche agitado, ya que la fuerte tormenta eléctrica había hecho estragos en el pueblo. La sala de reconocimiento médico que estaba ocupando se necesitaba para pacientes vivos, de modo que cubrieron mi cuerpo con una sábana y lo enviaron a un cuarto vacío, hasta que pudiesen encontrar un camillero que me llevase a la morgue. Definitivamente, ése no parecía ser mi día de suerte.

Pero yo no estaba ahí para nada de eso. En lugar de ir a la sala de urgencias en la camilla, me encontré envuelto por la brillante vastedad azul-grisácea de un vertiginoso túnel. Luego, fui llevado a través del espacio, con los pies hacia delante, como si estuviese acostado sobre una cinta transportadora invisible. Al principio, sentí que me rodeaba un silencio profundo, pero pronto comencé a oír un débil sonido de campanas traído desde lejos por el viento. Siempre con delicadeza, sentía vibrar mi cuerpo en respuesta a cada tono tintineante. Mientras tanto, el espacio en espiral continuaba envolviéndome rítmicamente.

En ese momento, vi una luz en lo que parecía ser el final de ese vórtice vertiginoso. La luz despedía un fulgor increíblemente brillante y cautivador. Al principio, tuve miedo de mirarla: pensé que quemaría mis ojos. No obstante, no pude contenerme. Me sentí irresistiblemente atraído por ella. Al rendirme a la tentación, de pronto me encontré dentro de la luz. De hecho, la luz y yo nos fundimos en un solo ser. Quizá por primera vez en mi vida me sentí a salvo y pleno. La luz estaba viva. Me infundía su calor y me acunaba en lo que yo percibí como un refugio de tolerancia y amor omnímodos. Era una experiencia mucho más que excitante.

Las sensaciones eran casi orgásmicas, mientras que mis pensamientos fluían a la velocidad de la luz. ¿Dónde me encontraba? ¿Qué era ese lugar? ¿Todo eso era tan sólo un sueño delicioso a propósito del fin? Al mirar hacia abajo, la silueta de mi mano me llamó la atención. Se la veía transparente y, no obstante, destellaba en pequeños ríos de color cambiante. Al observar mi cuerpo, vi que también palpitaba con los mismos arco iris que habían rodeado a mis amigos cuando se esforzaban por revivirme. De pronto, me sorprendió la presencia de alguien que se acercaba. A través de una bruma de plata iridiscente, espesa y a la vez traslúcida, ante mis ojos se materializó un Ser de luz extraordinaria. Podía percibir su energía positiva, amable y reconfortante, a la par que curiosamente familiar. Buscando la palabra exacta para describir cómo me sentí en presencia de ese Ser, sólo encuentro el término *precioso*. A medida que parecía flotar hacia mí, su amor me inundaba; cuanto más se acercaba, más querido y valorado me sentía. Sin embargo, el Ser de Luz no me concedió más tiempo para gozar de ese nuevo e inusual modo de considerarme a mí mismo.

En lugar de ello, el Ser procedió prontamente a desviar mi atención en dirección hacia otras almas, que yo no había advertido pero que se movían a mi alrededor. Cuando las observé, pude distinguir que ocupaban diferentes niveles de energía y vibración. Las que parecían encontrarse por debajo de mí vibraban con mayor lentitud y, al concentrarme en ellas, mi propia vibración disminuía de manera inquietante. Las que estaban por encima de mí eran de una densidad más brillante y emitían una frecuencia más alta que la mía. Al mirarlas, mi propia vibración comenzaba a incrementarse. Yo no estaba seguro de qué debía hacer o de por qué el Ser de Luz quería que fuera consciente de ello, de modo que con naturalidad me volví hacia él tratando de entender. Al hacerlo, el Ser me levantó en sus brazos, dándome un gran abrazo que me llevó a emprender el viaje de mi vida. Ese itinerario fantástico me condujo a mi pasado, comenzando por el día de mi nacimiento. Desde ahí en adelante, puede ver los momentos más relevantes de cada año de mi vida, exactamente hasta el instante en que el rayo abrasó mi cuerpo y reclamó mi alma.

Fue entonces cuando acuñé una expresión que describe ese espectáculo abarcador de la vida después de la muerte. Lo llamé «repaso panorámico de la vida». ¿Por qué? Porque toda mi vida se desplegó ante mí en un panorama de trescientos sesenta grados, que fue hábilmente producido y dirigido para recordarme mis primeros veinticinco años de comportamiento menos que honesto. Y no es una broma. A medida que miraba desplegarse la película de mi vida, me sentía más y más mortificado. Había herido a mucha gente y mis actos habían sido muy crueles y nefastos. Desde los niños a quienes había tomado el pelo en el patio de la escuela, hasta los enemigos cuyas vidas había arrebatado en nombre de mi país, mi vida había sido brutal y violenta.

Hasta el día de hoy, considero que el repaso panorámico de mi vida fue el punto culminante de la temporada que pasé en el Cielo. A lo largo de esa completa recapitulación de mi historia, cada simple cosa que alguna vez había pensado, dicho o hecho se desplegaba ante mí en forma de holograma. A medida que transcurrían las escenas (las cuales a menudo terminaban dolorosamente), no era sólo yo mismo, sino que me convertía en cada una de las personas con las que había interactuado a lo largo de mi existencia. Cuando revivía su encuentro conmigo, experimentaba exactamente lo que ellas habían sentido. Más a menudo de lo que hubiera creído, pasaba a ser la aterrorizada víctima en que yo había convertido a los otros. Al contemplar mis acciones del modo en que los demás las habían visto, una tremenda vergüenza y culpa se apoderaban de mí. Y muy pronto sentí el anhelo de haber sido una persona más amable y cariñosa.

Cuando finalizó el repaso de mi vida, fui consciente de otro hecho de importancia vital: el universo está sistemáticamente programado para asistirnos en la consecución de nuestros deseos personales. Sin embargo, hay otro aspecto en ello y bien importante. En el sistema de conciencia universal no existe ningún mecanismo para discernir qué tipo de acción consideramos buena y a cuál llamamos mala o inmoral. En pocas palabras, el universo no reconoce la diferencia entre la luz y la oscuridad o entre el bien y el mal. En consecuencia, somos nosotros los que tenemos que hacerlo. Es algo que nos incumbe, porque dentro de nosotros reside el conocimiento innato. Hemos venido a esta Tierra con el expreso propósito de aprender a dominar el correcto desarrollo de nuestra sabiduría espiritual preexistente. Por ello, habremos de actuar como nuestro propio juez y jurado. Creedme, éste es un punto de vista mucho más esclarecedor que cualquier concepción religiosa que podamos tener en el presente. Y, al final, nosotros solos cargaremos con la responsabilidad de todo nuestro pensamiento, nuestro trabajo y acciones, así como de las consecuencias resultantes en las vidas de aquellos con quienes nos crucemos.

Cuando el repaso terminó, me sentí emocionalmente exhausto. Poco a poco, comencé a experimentar una sensación cada vez mayor de claridad y alegría. Era como si la revisión no sólo me hubiera mostrado los errores de mi proceder, sino que también hubiese limpiado mi alma de toda vergüenza y tristeza. Parecía como si revivir y reconocer mis tremendos errores implicara, al menos y por el momento, mi redención espiritual. Lo que yo no sabía entonces era que tendría que regresar a la vida horrible que acababa de repasar, y que iba a tener que enfrentar las consecuencias de cada acto miserable de crueldad y falta de consideración perpetrado por mí. En verdad, cada elección que hacemos en la vida acarrea una consecuencia la cual, finalmente, deberemos afrontar. La Biblia dice: «Todo lo que el hombre siembra, eso mismo cosechará.» Mi madre solía decir: «El que las hace, las paga.» Y ella, por lo general, me las cobraba persiguiéndome, ¡pegando con la escoba de la cocina cerca de mi cabeza! No sé si me explico, pero mi madre era realmente estricta con la disciplina. Pero volviendo al repaso de mi vida, el Ser de Luz me hizo saber que era tiempo de marchar. Quisiera aclarar que el Ser nunca me habló mediante palabras. Además, nuestros intercambios fueron mucho más allá de lo que se entiende por telepatía. De manera inexplicable, los pensamientos y los movimientos del Ser creaban en mí una energía íntima, capaz de imbuirme de una comprensión muda que penetraba hasta el centro de mí mismo.

En la distancia profunda y púrpura, podía ver la silueta de una ciudad de luz delineada sobre un lado de la montaña. El Ser y yo nos elevamos, como si fuéramos llevados por control remoto y atraídos hacia esa visión imponente. A medida que nos acercábamos, las luces se hacían más brillantes y resplandecían de manera exquisita. Todo el paisaje me infundía temor. Con gran esplendor, ante mí aparecieron las Ciudades de Cristal, de una belleza sobrecogedora. Cuando llegamos a la entrada de una de ellas, contemplé filas y filas de catedrales góticas, de variadas formas y tamaños. Siempre me había gustado el estudio de la arquitectura del pasado y ésa era una rara y fascinante fiesta para mis ojos. Lamentablemente, no había tiempo que perder. El Ser me condujo a través de un anexo hasta un gran salón. Sólo podría describirlo como el salón del conocimiento tal como nos imaginamos debe de haber sido la Biblioteca de Alejandría, antes de que el califa Omar quemara sus inestimables tesoros para calentar el agua del baño de las tropas árabes. Ese magnífico salón irradiaba un destello cálido y dorado que hacía que todo en el lugar se percibiera como amor en estado líquido.

Fuimos amablemente recibidos en esa cámara celestial de sabiduría por otros doce Seres de Luz, que se quedaron detrás de un estrado hecho de un cristal parecido al cuarzo claro. En ese momento, ya dejé de sentir la presencia energética de mi escolta original. Éste parecía haberse desvanecido, o tal vez se había juntado con alguno de los Seres. Sin embargo, en ese instante se nos unió un decimotercer Ser. Todo esos Seres eran más grandes y majestuosos que mi anfitrión original. Imponían un gran respeto sencillamente en virtud de su fuerza y estatura. Recuerdo haber sentido que cada uno de ellos representaba una virtud espiritual diferente, tales como la esperanza, el coraje, la fe o la compasión. No tenían atributos masculinos o femeninos, y yo sentí que eran las dos cosas a la vez. El Ser número trece, el último en aparecer, parecía presidir el grupo porque de él emanaba una gran sabiduría.

Yo no tenía idea de por qué se me concedía esa audiencia, pero me sentía a salvo y en calma ante su presencia. Dentro de ese espacio sagrado, me sentía inmerso en la íntima vastedad de nuestro hogar original, el lugar al que llamamos Cielo. En ese santuario de perfección universal, me encontraba envuelto en el éxtasis de lo divino. Y no podía evitar sentirme sobrecogido. En un estallido de euforia, mi mente, corazón y alma se abrieron simultáneamente a la completa conciencia cósmica. En ese instante, supe todo lo que hay que saber. Fui uno con todo lo creado y la creación fue una conmigo.

Y lo mismo ocurrirá con vosotros, sin importar cuán espiritualmente evolucionados podáis estar. Porque, como ya sabéis, es probable que nada en la Tierra pueda prepararos para ello. Nuestra condición humana sencillamente no puede conceptualizar la impresionante sensación de totalidad que vuelve a unir a nuestro espíritu en la experiencia a la que llamamos muerte. Mi transición desde ésta hasta la otra vida consistió en una arrebatadora explosión mental de unidad universal, que envolvió todo mi ser. En ese proceso de conversión espiritual, percibí la meticulosa perfección y el ordenado despliegue de todo el plan universal. Más todavía, alcancé a vislumbrar el corazón de la eternidad y luego supe, inequívocamente, que no existe la muerte. La vida, como el amor, es para siempre. Juntos, tanto la vida como el amor buscan de manera constante expandir su expresión a través del universo.

Los Seres, con generosidad, me brindaron esos pocos instantes de gloria para regocijarme en mis recién descubiertos pensamientos sobre la perfección cósmica antes de que, uno tras otro, se adelantasen directamente hacia mí. Desde sus mentes a la mía, enviaron cajas negras —una por vez—, todas del tamaño de un videocasete. Las cajas pasaron a través de mi cabeza y, de la misma forma que lo habían hecho antes, me mostraron unas especies de videoclips, que describían visiones del mundo futuro. Algunas eran emocionantes, muchas otras causaban terror.

Vi la caída de la Cortina de Hierro, que puso fin al dominio de la Rusia comunista. Presencié la caída de las bombas al principio de la primera y la segunda guerra del Golfo, junto con las manifestaciones contra las guerras encabezadas por mujeres vestidas de negro. Pude ver también a las tropas estadounidenses formadas en la frontera entre México y Estados Unidos, así como la posterior declaración de la República de Norteamérica, uniendo a Canadá, Estados Unidos y México en un solo país. Vi que la medicina evolucionaba hacia modalidades complementarias y alternativas sorprendentemente eficaces, tales como una miríada de fototerapias. Vi el cáncer y otras enfermedades letales erradicadas con varitas curativas hechas de luz. También vi la invención e implantación de un nanochip con potencial para ser usado para el bien y para el mal. Fue maravilloso comprender sus alcances en la búsqueda de niños perdidos o para rastrear a soldados desaparecidos en épocas de guerra. Pero rápidamente se me mostró que podría ser usado para dirigir las actividades de ciudadanos inocentes y, en última instancia, para detonar un virus mortal en el cuerpo de una víctima insospechada que algún gobierno quisiera eliminar. Más aún, vi que ese chip podría ser fácilmente implantado en las personas mayores como una forma de eutanasia sin dejar rastros. Fue una visión esclarecedora y terrorífica a la vez.

Continué recibiendo esas gráficas escenas del futuro de nuestro mundo hasta haber absorbido más de cien imágenes. Al percibir mi angustia, y con la esperanza de mitigar mi miedo, los Seres me dijeron que nuestro futuro no estaba escrito en piedra. Que todavía teníamos la oportunidad de modificar esos desenlaces, si volvíamos nuestra conciencia colectiva a la realidad del amor. Los Seres me explicaron entonces cuál iba a ser mi misión personal. Me comunicaron que yo iba a establecer en la Tierra el capitalismo espiritualista. Dijeron que el capitalismo espiritualista era necesario porque la gente tenía que darse cuenta de que su seguridad no iba a estar en manos de los gobiernos, las instituciones o las religiones. Estas tres cosas son componentes necesarios de la vida humana, lo cual no significa que haya que apoyarse por completo en ellas. Antes que vivir en una sociedad gobernada por un capitalismo sin Dios, los Seres me presentaron la siguiente idea: que cada uno de nosotros encuentre algo que le guste hacer y que luego empleemos ese talento o ese don para servir al mundo, al mismo tiempo que obtenemos unos ingresos. Ésa es la definición del capitalismo espiritualista.

Los Seres hicieron hincapié en que sólo podemos alcanzar nuestro más alto potencial humano si recordamos quiénes somos: entes espirituales grandes, poderosos y potentes. En el Cielo se nos considera héroes porque somos lo suficientemente valientes como para lanzarnos a esa gran aventura llamada vida. Abandonar el reino del espíritu para nacer en el dominio terrenal requiere una inmensa fortaleza de ánimo y una fe inconmovible. Por esa misma razón, los Seres están siempre a la espera de asistirnos ante cualquier desafío. Lo único que tenemos que hacer es pedirlo y ellos estarán listos para presentarse ante nosotros a través de la inspiración, la motivación y la comprensión más profunda. En algunas raras ocasiones, en ciertas circunstancias que llamamos intervención divina, ellos harán efectiva su presencia real.

Durante mis últimos momentos en el Cielo, los Seres me dieron una última tarea: crear centros para aliviar el estrés. Me indicaron que algunas de las razones por las cuales mucha gente no vive en el amor y en la armonía es el resultado directo de un exceso de estrés. Éste transmite una energía pesada que atrae la negatividad y el miedo. Luego, vuelve lentos nuestros *chakras*, agota nuestro espíritu y nos aísla de la divinidad. Si aliviamos el estrés de nuestras actividades cotidianas, permitiremos que se filtren en nuestras vidas más luz y más risas, lo que nos convertirá en seres más saludables y felices. Los centros se basarían en un programa de ocho pasos. Tuve entonces la visión de siete habitaciones:

- una habitación para terapia;
- una habitación para masajes;
- una cámara para privación sensorial;
- una habitación para biorretroalimentación;
- una habitación de lectura;
- una habitación para una *Klini* (una cama especialmente creada para inducir los más profundos niveles de relajación);
- una habitación para la reflexión.

En el octavo paso, el cliente sería llevado de vuelta a la *Klini* para que alcanzara una mayor relajación por medio del viaje astral. En este paso, la gente podría visitar realmente el reino del espíritu para conectarse con sus difuntos. Cada paso del centro estaría diseñado para crear una sensación de seguridad a través de la relajación profunda. Ésta nos fortalece, nos vuelve a conectar con nuestro verdadero yo interior y con la naturaleza espiritual pura.

Una vez que se me asignaron esas tareas, mis anfitriones celestiales no perdieron tiempo y me indicaron que tenía que volver a mi cuerpo. Pero yo no podía creerlo. ¿Me estaban tomando el pelo? Resultó que no, ¡que no se estaban burlando! Si bien me encontraba aturdido, no había manera de que me hicieran volver al dolor y a la agonía que había dejado atrás; por cierto, no después de estar en ese espacio sagrado de tranquilidad y de amor incondicional. Ya podían olvidarse. No me importaba lo que ellos quisieran. ¡Yo me había encargado de tipos mucho más duros en mis días de alborotador de bares! Bien, ¿adivináis qué? Sin haber lanzado un solo golpe, perdí esa pelea.

Lo próximo que supe es que estaba en el pasillo del hospital, flotando por encima de mi cuerpo muerto, sin tener la más remota idea de cómo meterme en esa cosa. El cuerpo estaba rígido y frío, sin entrada visible alguna ni lugar por donde pasar. ¿Qué demonios se suponía que tenía que hacer? Perplejo, quedé ahí suspendido, pensando que ya había tenido suficientes aventuras e intrigas por ese día. La situación estaba terminando con mi paciencia. Sin que mediara ni un segundo, me encontré mirando la sábana blanca que envolvía el cuerpo. Pero no me podía mover. Estaba paralizado por completo y nuevamente tenía la sensación de arder desde dentro hacia fuera. ¿Dónde había un par de aquellos Seres de Luz cuando realmente los necesitaba? Sentí pánico. Luego respiré hondo y dejé salir un suspiro de profunda resignación.

Santo Dios, por favor, ayúdame...

DOS

Viviendo entre dos mundos

> Hay dos maneras de vivir la vida. Una, como si nada fuera un milagro. La otra, como si todo fuera un milagro.
>
> ALBERT EINSTEIN

Mientras estuve muerto y vagando por el Cielo, me sentí más vivo de lo que jamás me había sentido entre los vivos. A continuación, me encontré sobre una camilla de acero, desnudo debajo de una sábana y con una etiqueta ajada que me colgaba del dedo gordo del pie. Estaba claro que no me sentía feliz de haber vuelto a este lado de la vida. Pero había regresado y, me gustase o no, iba a tener que lidiar con ello. Además, para contribuir a mi desánimo, descubrí que no podía mover ni un solo músculo, salvo los de la cara. Así que, cuando por fin caí en la cuenta de que había vuelto a respirar, empecé a soplar contra la sábana que me cubría. Si tenía suerte, alguien notaría que el cadáver respiraba. Pronto mis plegarias fueron atendidas. Resultó ser mi fiel amigo Tommy el que prestó atención. Como podréis imaginaros, cuando todos se dieron cuenta de que volvía de la muerte, se desencadenó una súbita histeria. El personal del hospital se puso a saltar a mi alrededor y mi familia, ¡tuvo que decidir entre sentirse feliz o no por la noticia! Es sólo un chiste... creo. En consecuencia, no tuve otra alternativa que dar el primer paso en dirección a lo que resultaría ser mi muy largo y agitado camino hacia la recuperación.

Pasé aproximadamente seis días en la unidad de cuidados intensivos del hospital local. Dos de ellos, en semicoma. Cuando desperté, aún permanecí completamente paralizado durante otros cuatro días. Al séptimo, conseguí levantar la mano para rascarme la punta de la nariz. Después de eso, mi familia, indecisa, aceptó la opinión del médico de enviarme a casa. Querían permitir que muriese (otra vez) en paz, rodeado por mis seres queridos. Sin embargo, no caí muerto. Para gran sorpresa de mi familia, continué mejorando y, para mi gran sorpresa, descubrí que estaba viviendo entre dos mundos. De día, luchaba por recordar cómo era mi vida antes del rayo. ¿Quiénes eran todas esas personas que entraban y salían todo el tiempo de mi casa? Los nombres y rostros de mis amigos más íntimos y los de los miembros de mi familia a menudo me resultaban desconocidos. Esto a su vez generaba una fuerte tensión emocional en cada uno de ellos. Como es lógico, cuando no podía reconocer a alguien que se suponía yo debía conocer, me consumía la frustración. Entonces, cuando percibía el profundo desencanto que producía mi amnesia, se me partía el corazón. En las primeras semanas de mi recuperación, muchos días fueron como una carrera impredecible a través de la Pequeña tienda de los horrores.

Nunca podía imaginar qué alarmante sorpresa me aguardaba a cada paso. Por lo tanto, cuando llegaba la noche me aferraba a la promesa del sueño. Automáticamente, era transportado de nuevo al Salón del Conocimiento, donde era llevado hacia el calmo corazón de las Ciudades de Cristal. Allí sería iniciado en los misterios del universo a propósito de cada tema posible, desde astronomía hasta zoología. Mis viajes nocturnos a los reinos celestiales fueron el motivo por el cual empecé a vivir. Deseaba ardientemente esas revelaciones, aunque no podía absorber todo el conocimiento. Todas las noches, el apetito de mi alma por esa educación cósmica se volvía cada vez más insaciable.

Lentamente, fueron pasando los días y continuó mi recuperación. Cuando fui capaz de valerme por mí mismo, me senté a mi escritorio y escribí cada detalle de lo que estaba aprendiendo en el Cielo. Llené pilas de cuadernos con datos y fórmulas que me brindaron en el Más Allá. Algunos de esos temas me fueron enseñados por una especie de ósmosis. Yo me limitaba a sentarme ahí y a sentir que asimilaba un programa de estudios, de manera muy parecida a la que emplea un ordenador en bajar archivos. Otras clases me fueron impartidas por Seres verdaderos. Y digo Seres porque sin duda alguna no todos tenían aspecto humano. Algunos de mis instructores eran interdimensionales, sin un contorno o forma definible. Otros tenían dimensiones mayores y una apariencia inmaterial, similar a lo que se suele describir como extraterrestre. No obstante, todos tenían una cosa en común: eran superiores a aquellos a los que llamamos genios. Yo estaba completamente cautivado por la información que me brindaban, plena de incalculable sabiduría, y todas mis preguntas eran respondidas antes de que siquiera llegara a formularlas.

De manera gradual, aunque no fui totalmente consciente de la transición, ya no tuve que esperar hasta la llegada de la noche para alcanzar la dicha. El Salón del Conocimiento comenzó a hacerse presente durante el día en mi propia sala de estar. Inesperadamente y ante mis ojos, la habitación se transformaba en el cuarto de estudios de mis sueños. Si en un momento estaba mirando por la ventana desde mi mecedora favorita, al siguiente me encontraba contemplando la ladera púrpura desde muy arriba de las Ciudades de Cristal. Al principio, este viaje a través del tiempo y el espacio me causaba asombro. Para ser completamente honesto, sentía incluso un poco de miedo. Pero, con el tiempo, me acostumbré a este fenómeno programado con regularidad. A la luz de la montaña rusa de los desafíos físicos y emocionales con la que me confrontaba en mis horas de vigilia, me resigné a esos viajes espirituales como parte de mi flamante vida.

Sin embargo, las habilidades psíquicas que había adquirido recientemente no fueron tan fáciles de aceptar. Desde el momento en que me desperté del coma, fui capaz de oír los pensamientos de la gente que me rodeaba. Por supuesto, en esos primeros días no tenía ni fuerza ni concentración más que para reconocerlo. No obstante, a lo largo de las semanas siguientes, empecé a prestar más atención a lo que oía cuando los demás pensaban porque, a menudo, era lo opuesto de lo que estaban diciendo. Me parecía muy curioso, como cuando mi madre vino a verme con su sobrina Ellie. Ella me miró sonriente y dijo: «¡Danny, mírate! Hoy se te ve mucho mejor.» Pero lo que yo le oí pensar fue que verme la ponía muy intranquila. Así llegué a comprender cuán poco hay de cierto en lo que la gente suele decir cuando se siente coaccionada, quizá por tratar de enmascarar el miedo, la duda, la preocupación o la tristeza. Por supuesto, mi madre temía por mi bienestar y no quería preocuparme con su angustia. Aprecié su preocupación casi la mitad del tiempo; la otra mitad, ¡no recordaba quién era ella! Pero eso nunca impidió que viniera a verme cada día. Tampoco mi padre dejó de estar allí cuando lo necesitaba.

En total, recobrar completamente el dominio de mi cuerpo me tomó dos difíciles años. Dado que siempre había sido sano, fuerte y ágil, ésos eran atributos físicos que daba por descontado... hasta que me alcanzó el rayo. Prometí entonces no volver jamás a probar una comida sin decir antes una plegaria, no ignorar la belleza de una salida del sol ni olvidarme de agradecer los más pequeños detalles que tuviera conmigo otra persona. En nuestras vidas, de este lado del velo, no tenemos manera de saber qué día ha de ser el último que pasemos en la Tierra, de modo que la sabiduría consiste en apreciar plenamente cada instante como un don precioso e irreemplazable.

TRES

Lejos del hogar

> La seguridad es en gran medida una superstición. No existe en la naturaleza, ni los hijos de los hombres la han experimentado. A la larga, evitar el peligro no es más seguro que exponerse a él. Porque la vida es una aventura audaz o no es nada.
>
> Helen Keller

Con el tiempo comencé a sentirme lo bastante fuerte como para aventurarme desde mi cama hasta la cocina, y desde la cocina hasta la mecedora, pero mi mente anhelaba lanzarse hacia el Cielo. Allí quedaban muchas preguntas inquietantes y sin contestar, que todavía pesaban en mi corazón. Me resultaba simplemente imposible conciliar lo que había visto en el Cielo con lo que estaba viendo de regreso en la Tierra. Me encontraba perdido, como un niño abandonado, lejos del hogar y de todo lo que le era familiar. Día tras día, mi verdadero hogar —el Cielo— parecía estar alejándose de mí. Cada vez me sentía más deprimido, porque anhelaba oír los sonidos sagrados y ver los colores sobrecogedores que sólo pueden contemplarse en el Cielo. ¡Extrañaba no estar muerto!

Por increíble que suene, era cierto. Había viajado al otro lado del velo y sabía que allí no existía nada parecido a la muerte. Aquello a lo que nos referimos como la muerte era la experiencia más asombrosamente hermosa que había tenido jamás. La otra vida es real, más real, plena y magnífica que cualquier otra cosa con la que nunca hayamos podido soñar jamás de este lado del velo. Sin embargo, guardaba en mi alma una cuestión que me fastidiaba y que clamaba por una explicación: dado que nuestro hogar eterno es tan espléndido y que nuestras almas son inmortales, ¿por qué tenemos que venir a la Tierra? ¿Por qué razón tenemos que soportar el sufrimiento espiritual, la pobreza mental, la enfermedad física y las pérdidas emocionales, cuando nuestra realidad eterna no tiene parecido alguno con nada de esto? ¿Y a quién podría acudir en la Tierra que tuviese la sabiduría de los Seres de Luz que yo había encontrado en el Cielo? De todos modos, ¿quiénes eran esos Seres? ¿Eran ángeles, arcángeles, maestros superiores, qué eran?

Sin duda, yo era un ser espiritual que estaba buscando mi camino a través del enigma humano primordial. Por mucho que amara a Las Carolinas, en 1975 esos estados eran el lugar menos indicado para buscar una verdad espiritual avanzada. Sin embargo, yo estaba obsesionado con encontrar la respuesta a mi interrogante particular. De esa manera, comenzó mi búsqueda personal y lo que trajo como lamentable consecuencia fue que una de mis más íntimas relaciones personales comenzó a deteriorarse. A pesar de que lo intentó con todas sus fuerzas, Sandy no pudo llegar a comprender por qué yo estaba tan poseído por esa demencial búsqueda de la verdad. Con mi incesante charla sobre los Seres de Luz y las Cajas del Conocimiento la estaba volviendo loca. Ella había hecho todo lo que estaba en sus manos para ayudar a recuperarme físicamente, pero se sentía completamente incapaz de facilitar mi recuperación espiritual. Su único deseo era que yo volviera a ser otra vez una persona normal. Pero para mí, después de haber visto el Cielo, lo normal ahora me parecía una categoría sobrevalorada en exceso.

Tal vez la verdad sea que, al cabo de todos esos meses inválido y a merced del dolor, me había vuelto algo más que un poco loco. En realidad, creía que mi mente era lo único que todavía funcionaba bien, pese a que, a mis espaldas, todos murmuraban que estaba completamente loco. No habría de pasar mucho tiempo para que la implacable tensión que eso supuso en mi pareja con Sandy se tornara excesiva y, de mutuo acuerdo, llegamos a la conclusión de que ya no era posible mantener nuestro vínculo emocional. Un oscuro día, ella se fue llevándose mi corazón cuidadosamente empacado en el fondo de su maleta.

Perder mi relación con Sandy fue devastador. En mí se creó un vacío que agrandó el hueco que ya tenía en el alma; un espacio que anhelaba ser colmado por la verdad. Pero tenía que ser la verdad bajo la forma de consuelo espiritual. Pronto comencé una nueva relación con la Biblia. Noche tras noche, rebuscaba en cada versículo la menor partícula de esperanza e iluminación espiritual. En el Cielo, había sido bañado en amor y esplendor; había experimentado una alegría indescriptible. Ahora ardía en deseos de encontrar un mensaje en la Biblia. ¿Había allí aunque sólo no fuera un capítulo o un versículo que pudiera explicar por qué había sido forzado a abandonar mi hogar celestial? ¿Existiría en las Sagradas Escrituras algo que me ayudase a hallar la paz interior sobre la Tierra, después de haber visto el bello reino de los ángeles? Si así fuera, nadie me impediría encontrarla.

Los domingos por la mañana pronto me aportaron una perspectiva más entretenida en mi expedición a través del cristianismo. Descubrí que el reverendo John Scott, Tammy Faye y Jim Bakker, Oral Roberts, Kenneth Copeland y Herbert W. Armstrong constituían todo un viaje. Me sentaba frente a la radio o la televisión, absolutamente fascinado por los poéticos sermones líricos de esos sabios del Sabbath. Mirando hacia atrás, quizá todos los demás tenían razón. Quizá me estaba volviendo loco, trastornado por la perspectiva de quedar atascado en el mundo físico después de haber visto con mis ojos las maravillas celestiales. Ansiaba volver a formar parte de los dominios espirituales. La obsesión por hallar la verdad me tenía atrapado y no me iba a abandonar hasta que encontrase lo que estaba buscando. Era consciente de que todo me conducía a buscar el significado divino de la vida. Ésa era mi obsesión y sólo me cabía hacerle frente.

Pero al cabo de muchos meses de estudio de la Biblia, mi espíritu seguía presa del desasosiego. A pesar de que las Sagradas Escrituras me ofrecían numerosos indicios de esperanza, me parecía que cuanto más leía y más escuchaba menos entendía. Entonces, sin aviso previo, mi camino hacia la comprensión cósmica dio un rodeo. Me sentí llamado a investigar el movimiento espiritualista que se desarrolló entre 1840 y 1920. Grandes libros de autores tales como sir Arthur Conan Doyle, madame Helena Blavatsky, Edgar Cayce y Evangeline Adams, para nombrar sólo a unos cuantos, se convirtieron en el soporte principal para la próxima y desconcertante etapa de mi recorrido. En ellos hallé un inmenso reservorio de inspiración. Esos espiritualistas finiseculares eran en verdad esclarecidos y sabios buscadores, fuentes que me brindaron parte de las respuestas que yo codiciaba.

Aun así, mi mente deseaba con fervor una mayor sustancia. Yo había experimentado de verdad la magnificencia y la felicidad de la divinidad suprema. Esa buena gente poseía sólo una visión limitada, aunque cultivada, sobre el tema. Sin importar la calidad con que pudieran expresar sus puntos de vista, ellos no habían visto lo que había visto yo. Ellos nunca habían llegado adonde yo había estado. Paralizado y sintiéndome al final de mis posibilidades, comencé a perder las esperanzas. En verdad, temía no volver a encontrar la paz mental. Me sentía como un inocente al que condenan a cadena perpetua. Mi alma había ascendido por los cielos, yo había contemplado la sobrecogedora realidad del Más Allá y ahora estaba confinado a ese cuerpo roto y a una mente torturada. Necesitaba que Dios me llamase otra vez porque no tenía idea de lo que Él pensaba.

Esperé, pero no recibí ninguna comunicación divina, así que seguí adelante; o más bien, al pasado. Decidido a descubrir los secretos de la vida, recorrí con cuidado antiguos textos de los sumerios, los mayas, los babilonios y otras incontables civilizaciones. Me negaba a abandonar la esperanza de encontrar lo que más necesitaba: la confirmación absoluta e innegable del asombroso espectáculo que había presenciado, el Cielo. Los antiguos egipcios nos habían legado una biblioteca de jeroglíficos llena de todos sus conocimientos a propósito del misterio glorioso llamado muerte. Al igual que los mayas, habían erigido con éxito una elaborada cultura íntegramente alrededor de los ritos sobre el último pasaje de los humanos. Con seguridad, alguno de ellos, al igual que yo, había atravesado el velo y contemplado lo desconocido. Las restantes bibliotecas de la Antigüedad también albergaban algún texto perdido o secreto dedicado al otro mundo. Yo creía que, sin duda, debía haber un último pergamino o tablilla en los cuales mi alma pudiera encontrar algún auténtico alivio. Pero, por desgracia, esa búsqueda a través de la historia de nuestros ancestros también estaba destinada a negarme la plena realización. Finalmente, comencé a vislumbrar la verdad: debía confiar en mí mismo y tener fe en la información que había recibido.

Por un fugaz período de tiempo, los escritos de Zecharia Sitchin volvieron a despertar mi entusiasmo. *El duodécimo planeta*, primer libro del autor, estaba lleno de fascinantes relatos fantásticos de los Annunaki (en referencia a Nefilim, gigantes del Antiguo Testamento) que me cautivaron durante varios días. Luego de devorar el libro, mi apetito se tornó insaciable. Hurgué exhaustivamente en búsqueda de la sabiduría de los Evangelios Gnósticos, traducidos de los códices de Nag Hammadi. Eso me condujo a las enseñanzas secretas de los esenios. Esa recopilación de sabiduría antigua era más que suficiente como para llenar mi mente y mi corazón de auténtica alegría.

Estaba aprendiendo mucho sobre los orígenes de la religión y la espiritualidad modernas, y sentía como si mi vida estuviera siendo purificada desde dentro hacia fuera. Sin embargo, todavía no había llegado al coronamiento, esa pieza final del edificio de mi entendimiento.

Si no hacía las paces con mi verdad personal, sin duda eso me conduciría poco a poco hacia la locura, arrastrando conmigo a todos aquellos que me querían.

De modo que por fin empecé a rezar. Rezaba incesantemente. En ese punto, sólo tenía una única aspiración humana: descubrir al menos a otra persona que pudiera darle validez a lo que había visto durante aquellos veintiocho minutos pasados en el Cielo. Puedo deciros que el rezo es algo muy esplendoroso. Lo sé porque Dios me envió, justo a tiempo, al doctor Raymond Moody. Creo que ese hombre notable, tímido y de hablar suave, vino al mundo para cambiar mi vida para siempre.

CUATRO

Lo que buscas, te busca

> Ningún hombre o mujer de condición humilde puede realmente ser fuerte, dulce y bueno, sin que el mundo sea mejor para con él, sin que alguien le ayude y reconforte por la existencia misma de esa bondad.
>
> ALAN ALDA

Tengo que deciros que nunca esperé toparme del otro lado del velo con un Ser de Luz brillante y bello. Mis maestros y parientes por igual me habían dicho, desde que alcanzo a recordar, que yo era tan malo que iba a ir derecho a las entrañas del Infierno. ¡Y así lo creía yo! Sabía todo lo que había hecho pasar a mis padres y, por desgracia para ellos, el medicamento contra la hiperactividad todavía no se usaba. Así pues, pueden apostar por ello, a medida que me acercaba al final del túnel estaba totalmente preparado para enfrentarme a los enormes y perversos demonios que, según mi imaginación, estarían haciendo guardia en la imponente entrada del Infierno. Suponía que tal vez Satanás mismo estaría ahí para darme la bienvenida. Sin embargo, para mi gran asombro, no había grandes demonios ni minúsculos diablillos que se precipitaran para encontrarse conmigo en la otra vida. Ningún ser de color rojo brillante, de pezuñas hendidas y cola en punta había podido verse abriendo las deslustradas puertas del Hades. En lugar de ello, mi experiencia demostraba exactamente lo contrario.

En la luz, yo había sido absorbido por el amor y la serenidad celestiales. Me había sentido extremadamente valorado, como si fuera el ser más apreciado del universo. Y ahora anhelaba sentirme así otra vez, volver a ese reino de felicidad. A pesar de que me esforzaba para recobrar mis fuerzas diezmadas por el daño físico causado por el rayo, la experiencia me había dejado emocionalmente exhausto. Me sentía aislado. La vida se había vuelto muy confusa, descorazonadora e hipócrita: lo único que quería era volver nuevamente al hogar, al hogar en el que había asistido a la verdadera gloria del Espíritu Divino, donde no había dolor ni confusión, ni pena ni violencia. Mi espíritu interior se estaba debilitando. Necesitaba comprender por qué todavía seguía con vida, por qué me habían enviado de regreso a vivir entre tanto dolor y desconcierto. No estaba seguro de poder soportarlo mucho más tiempo. Y fue entonces cuando recibí una nota de amor del Cielo. Una tarde lluviosa, mientras leía por encima un periódico local, di con un anuncio que estremeció mi corazón y revivió mi espíritu: el doctor Raymond A. Moody Jr. iba a dictar una conferencia titulada «La experiencia de la casi muerte» en la Universidad de Carolina del Sur. ¡Santo Dios! Me sentí como si hubiese ganado la lotería. ¡Ese día la esperanza estaba vivita y coleando para el muchacho sureño!

Finalmente, estaba a punto de conocer a un experto quien —quería creerlo con desesperación— sería capaz de explicarme adónde había ido cuando estuve muerto. Tal vez ese doctor pudiera ayudarme en verdad a ordenar las piezas que conformaban mi vida. El anuncio decía que ese joven y brillante académico había estado haciendo investigaciones sobre las experiencias de casi muerte durante más de una década. Que había entrevistado a más de cincuenta personas quienes, como yo, habían muerto y regresado a la vida para contar que habían viajado por un túnel hacia la luz. Presentía que el doctor Moody y yo íbamos a ser buenos amigos y, si tenía suerte, quizás esa nueva amistad significara que mis días oscuros estaban por llegar a su fin. Las dos semanas siguientes no pasaron todo lo rápido que yo esperaba.

La fascinante exposición del doctor Moody fue seguida por mí con temor y embeleso. Todo aquello que trataba en su conferencia —y mucho más— me había ocurrido. ¡Durante su charla, me resultó difícil estarme quieto sin dar un espontáneo grito en dirección al Cielo! Y lo que es más importante, apenas podía aguantarme las ganas de hacerle un par de preguntas de peso.

Después de esperar mi turno, en una fila de más de cincuenta personas, por fin tuve la oportunidad de hablarle al doctor Moody personalmente. En ese momento vi con sorpresa que su entusiasmo igualaba al mío. Cuando le dije mi nombre, él recordó haberlo leído en un artículo que habían publicado en el periódico local días después de haber sido fulminado por el rayo. Desde entonces, el doctor Moody había deseado conocerme y entrevistarme. Ahora estábamos allí, cara a cara, ambos en búsqueda de respuestas a preguntas que quemaban nuestras almas como un fuego arrasador. Así fue como, desde nuestro primer encuentro, hemos estado en comunicación constante.

Para mí, era un increíble sueño hecho realidad pasar un rato charlando con Raymond casi todos los días. A diferencia de mis amigos y de toda mi familia, él me alentaba a contar mi experiencia de casi muerte una y otra vez. ¡Los demás rezaban para que me quedara mudo! Todos estaban muy cansados de mi interminable sermón. Sencillamente, no podían entrar en sintonía con mi historia dado que ninguno de ellos tenía ningún conocimiento sobre aquello por lo que yo había pasado. En cambio, Raymond absorbía todo lo que yo le decía como una esponja sedienta. Hizo que mi mente descansara y me aseguró que no estaba perturbado. De continuo, podía dispararme preguntas profundamente sagaces, preguntas que me ayudaban a sumergirme en mi psiquis desde nuevos y abarcadores puntos de vista. Como resultado, yo podía explorar a fondo diferentes concepciones del fenómeno de casi muerte. Con la asistencia eficaz de Raymond, mi búsqueda había dejado de ser personal. El enfado al que me aferraba con pretensiones de superioridad moral, lentamente empezó a disiparse y al mismo tiempo fui renunciando a mi mentalidad de víctima en favor de una visión más histórica y abarcadora. Finalmente, fui capaz de ver como lo que me había ocurrido podía resultar beneficioso para mayor bien de todos, ya que los seres humanos no pueden vivir realmente todo su gran potencial si desperdician su energía en el miedo a la muerte. Con su vasto conocimiento sobre psicología, historia y filosofía, Raymond me guiaba para dejar atrás mi propia historia y ver esa experiencia como algo universal y arquetípico, representativo de los temas clásicos de la infinitud y la inmortalidad.

Durante el proceso, Raymond me hacía reír, a menudo hasta las lágrimas. Tenía un buen sentido del humor y un intelecto deslumbrante. Además, estaba tan decidido como yo a no dejar piedra sin mover cuando se trataba de investigar los mitos históricos y los relatos modernos de la vida después de la vida. Formábamos un buen equipo de investigación sobre el Cielo en todo su misterio y magnificencia.

Algo que teníamos en común eran las mecedoras. A Raymond y a mí nos encantaban, y ellas albergaron nuestro mejor pensamiento y nuestras conversaciones más interesantes. Con el tiempo, nuestros discursos en las mecedoras se transformaron en fascinantes presentaciones públicas ante auditorios repletos. Pronto tuvimos la evidencia de que nosotros no éramos los únicos que queríamos conocer más sobre la vida en el Más Allá. De modo que decidimos guardar nuestra ropa en las bolsas de basura que usábamos como maletas y llevar nuestro memorando celestial de ciudad en ciudad. Yo volvía a disfrutar nuevamente de la vida. Sentía que tenía un objetivo. Era muy gratificante ser capaz de ayudar a la gente a terminar con su miedo a la muerte y hacer las paces con el hecho de que hay una vida después de ésta.

A veces, después de nuestras presentaciones, alguien

me detenía en estado de profundo *shock* emocional, como una madre que deploraba la muerte de su hijo o el marido de una suicida para quien era imposible aceptar la pérdida de su amada esposa. A menudo yo podía localizar a sus seres queridos del otro lado y traerles palabras de cariño para tranquilizarlos. Ser capaz de ofrecerles ese mínimo de consuelo se convirtió en una gran victoria de mi vida. En innumerables ocasiones me encontré en la incómoda posición de que se me pidiera rescatar a la gente de sus vidas de silenciosa desesperación. Adoctrinados por sus religiones para considerarse a sí mismos despreciables, inútiles y nacidos en el pecado, esa buena gente recurría a mí en búsqueda de salvación. ¡Pasé de muchacho muerto a salvador! (Y fue entonces cuando descubrí las muchas bondades del Grand Marnier.)

Noche tras noche, me dejaba caer en la cama exhausto, pero feliz, porque sabía que ese día yo había cambiado algo en la vida de una persona. En el Cielo me habían enseñado lo importante que es realizar actos de bondad al azar en la vida de otros, pero ésa era la primera vez, desde que había sido fulminado por el rayo, que me sentía capaz de hacerlo. Me habían enseñado que cada vez que me dedicara a compartir el amor y la compasión con alguien, el mundo entero sería alcanzado por la bondad. Ser un motivo de inspiración para los otros es realmente maravilloso. Aun así, al cabo de un tiempo, me sentí preparado para edificarme una vida real por mí mismo y deseé que ésta consistiera en algo más que hablar sobre la muerte y comunicarme con aquellos que están del otro lado. La gente que tenía alrededor empezaba a actuar como si yo fuese una especie de mesías e incluso yo mismo estaba comenzando a aceptar un poco esa idea. Por lo tanto, había llegado el momento de reinventar a Dannion. Al menos, tenía que encontrarme a mí mismo otra vez. Evidentemente, la manera en que había estado viviendo mi vida no funcionaba (y el precio del Grand Marnier se había duplicado), de modo que ya era hora de hacer algunos cambios.

Eso me condujo a iniciar una serie de negocios: lo único que tenían en común eran los largos días de trabajo y no cuidarme a mí mismo. Al cabo de muchos meses de trabajar dieciocho horas diarias, mi salud me jugaría otra experiencia de casi muerte.

CINCO

Sincronicemos nuestros relojes

> No hay errores ni coincidencias. Todos los acontecimientos son bendiciones que nos otorgan para que aprendamos algo de ellos.
>
> Elisabeth Kübler-Ross

Para relajarme, volví a armar coches. Después de buscar durante meses, finalmente encontré un convertible Borgward Isabella de 1958. Un automóvil excepcional. Un sábado por la tarde, intentaba arreglar algunos problemas del distribuidor. Pero, por más que trataba, no podía sacar esa pieza obstinada. En medio de mis continuos esfuerzos, mi antebrazo tomó contacto con el distribuidor y sufrió una fea quemadura de tercer grado. Esa tontería me produjo tal herida que me obligó a suspender mi trabajo en el coche por el resto del día. Instintivamente, me puse una crema antibiótica en la quemadura y luego me senté a disfrutar de uno o dos vasos de vino. Al día siguiente, volví al asunto y, esa vez, me corté la mano izquierda mientras ponía en su lugar el mismo distribuidor problemático.

A continuación, durante varios días empecé a sentirme cada vez más débil. La gripe de Hong Kong estaba sufriendo un rebrote primaveral y se abría camino por el mundo, de modo que creí que la había pillado, pero me resultaba imposible recuperar la fuerza y la vitalidad. Por último, supuse que iba a tener que hacer una rápida visita a urgencias.

—Mr. Brinkley, ¿quiere que le diga la verdad? —me preguntó un médico joven que se parecía sorprendentemente al personaje de la serie *Doogie Howser*.

—Claro —le dije.

—Bien, tiene un ligero ataque de neumonía en su pulmón izquierdo. Pero, además, debo decirle que está sufriendo un ataque cardíaco. Si no lo ponemos de inmediato bajo atención médica, le quedan alrededor de cuarenta y cinco minutos de vida.

Miré al joven médico y le pregunté:

—¿Cuarenta y cinco minutos? Maldición. ¿Doctor, usted considera que tengo que sentarme? ¡Sincronicemos nuestros relojes! Cuarenta y cinco minutos y estoy fuera. —Y eso fue lo último que recuerdo.

Dos días después, volví en mí. Cuando me desperté del todo, mi padre junto con otros amigos y familiares estaban ahí. Él me contó que todos habían coincidido en que necesitaba hacerme una operación a corazón abierto si quería seguir viviendo. Sucedió que, durante los dos días en que permanecí dormido, mi padre les dio la autorización a los médicos para que me hicieran un angiograma coronario. La conclusión fue que el corte en la mano y la quemadura en el brazo habían creado el vehículo perfecto para transmitir estafilococos a la corriente sanguínea. Los estafilococos se abrieron camino hasta el corazón y procedieron a comerse mi válvula aórtica. Cuando llegué a la sala de urgencias, me estaba ahogando en mi propia sangre.

Mi padre insistió en que diera mi consentimiento para que la operación a corazón abierto se realizara de inmediato. En ese momento, no pude evitar reírme de mí mismo. ¿Cómo se les podía haber ocurrido que yo querría seguir vivo en esa condición de debilidad y vulnerabilidad? Yo ya había estado en el Cielo. ¿Qué, se habían olvidado? Yo había visto la maravilla y la magnificencia sobrecogedoras del Más Allá, de manera que de ningún modo quería prolongar la vida en ese cuerpo. Estaba perplejo. ¡Mi familia debía de estar tomándome el pelo!

Pero mi padre se negaba a rendirse. Estaba decidido a no parar hasta encontrar a alguien capaz de convencerme de que permitiera que me abrieran el tórax por el medio con una sierra circular, para que mi corazón pudiera ser manipulado a fin de que los médicos le implantasen una válvula de acero inoxidable o una de cerdo. En un intento de convencerme de la cirugía, hizo venir hasta mi cama a todos aquellos que, creía, pudieran influir sobre mí. De todos modos, me sentí halagado y agradecido. Sabía lo mucho que mi padre me quería y cuánto anhelaba que me quedara con él. Mi madre había muerto hacía sólo cinco años, y perderme a mí también tal vez era más de lo que podía soportar.

Como último recurso desesperado, se puso al habla

con Raymond Moody. Mi padre le pidió que por favor viniera a visitarme a Charleston. Cuando Raymond llegó un día después, tengo que admitir que me sentí contento de verlo. Era un camarada muy querido que siempre iba a tener un lugar en mi vida. Entró en la habitación y se me acercó en silencio con la calma que era su marca de fábrica. Comenzó nuestra conversación preguntándome qué era lo que me había traído al hospital, y luego me interrogó acerca de qué sentía ante la perspectiva de seguir vivo gracias a la operación a corazón abierto. Una vez terminado el interrogatorio, Raymond se puso en campaña para cambiar mi parecer. Me dijo que nuestra labor más importante nunca se completaría sin mi presencia. Especuló con mi compasión. Más aún, apostó todo a que me sintiera tremendamente culpable de no vivir para cumplir con los votos que les había hecho a los Seres de Luz.

Cuando vio que nada servía para provocar la respuesta deseada, para persuadirme, Raymond decidió apelar a las clásicas argucias de la vergüenza y la reprimenda. Desafió mi integridad acusándome de no cumplir con mi más alta misión, si me negaba a tener una operación a corazón abierto. Me hizo saber, en términos bien claros, que el futuro de las investigaciones sobre la ECM (Experiencia de Casi Muerte) sufriría un golpe importante, si no irreparable, en caso de que yo decidiera volver al otro lado, según su opinión, de forma prematura. Dada mi debilidad, ya no podía soportar su insistencia cariñosa e implacable. Con disgusto y a regañadientes, otorgué permiso a los médicos para llevar a cabo la operación. Dentro de mí, me avine con el único propósito de traer, finalmente, mi tarea asignada por el Cielo en provecho de la Tierra.

En el instante en que la punta de esa sierra quirúrgica tocó mi pecho, salí catapultado fuera de mi cuerpo. Fui rodando en espíritu, para verme yaciendo sobre la mesa de operaciones. Me dediqué a observar mientras el médico blandía con habilidad su escalpelo por mi piel y me serruchaba el esternón con una herramienta eléctrica de alta velocidad. Luego hizo girar con lentitud las ruedas del dispositivo que me abrió el pecho por completo. Lo vi sacar el corazón fuera de la cavidad torácica y colocarlo en una bandeja plateada rectangular. Mi corazón siguió bombeando otros siete latidos aproximadamente, y luego se detuvo de golpe. Yo había muerto... de nuevo.

Me impresionaba que nadie en el quirófano pensara demasiado en qué le estaba ocurriendo a mi cuerpo. Los otros médicos asistentes estaban absortos en una conversación muy intensa sobre una próxima salida de pesca y no parecían tener en cuenta a mi cuerpo como una presencia física en el quirófano. En ese punto, todo empezaba a resultarme excesivo. Oí el sonido familiar de campanas distantes. Me sentí transportado a través del túnel, moviéndome hacia el trémulo resplandor de esa luz reconfortante y bella. Mi segunda experiencia de casi muerte se hallaba a punto de comenzar y yo la estaba esperando.

La segunda excursión celestial fue, en esencia, la misma que la anterior. Al igual que la primera vez, no vino ni un alma a recibirme en el vestíbulo del paraíso. Ni Satanás ni mi madre, y ni siquiera algún bicho peludo que yo hubiera criado, aprovecharon la oportunidad para darme la bienvenida. Supongo que eso puede dar una idea bastante buena del efecto general que yo había causado en las personas y las mascotas a través de los años. Sin embargo, la magnificencia del Ser de Luz —el mismo que me había guiado en la visita hecha en 1975—, quien me condujo a lo largo del subsiguiente repaso panorámico de mi vida, no había disminuido. Después de que la revisión de mi existencia se hubo completado, ocurrió algo en verdad muy diferente. Me inundó una extraordinaria sensación de orgullo y realización. Por cierto, no había tenido esa experiencia la primera vez. En el intervalo de catorce años entre las dos experiencias de casi muerte, yo había trabajado duro para cambiar mi conducta. Ahora se me mostraba que había salido triunfador. Pude apreciar una considerable diferencia en mi comportamiento: era más compasivo y mucho más reflexivo que la persona a quien había observado en el anterior repaso. En esta nueva versión, me impresionaba el modo en que automáticamente reaccionaba ante el mundo que me rodeaba. En los viejos tiempos, las respuestas habían sido calculadas. En cambio, esta nueva imagen expresaba una esencia consciente, amable y profundamente tierna.

Al mismo tiempo, absorbía por ósmosis la importancia de la verdadera clemencia. En mi vida, no había tenido dudas en considerar la clemencia como una debilidad estúpida, ya que había sido un hombre con un punto de vista envilecido. Había visto la crueldad y la corrupción que la humanidad se infligía sin reflexionar a sí misma. Como consecuencia de todo lo que había visto, mi corazón se había visto afectado. Pero durante mi segunda experiencia de casi muerte, los Seres de Luz me mostraron el gran poder personal de que dispone cada alma viviente cuando la verdadera clemencia entra en juego. Aprendí de mis maestros celestiales que necesitaba perdonarme a mí mismo. Eso era lo más importante. Y luego necesitaba perdonar a todos aquellos que, según pensaba, me habían herido a mí o al mundo en general.

De todas las enseñanzas que recibí a lo largo de mi segunda expedición en el Cielo, la sorprendente belleza inherente al acto del perdón destaca como la de mayor valor e influencia, tanto aquí como en el Más Allá. Sin clemencia no puede haber evolución del alma, ni una manera auténtica de medir nuestro desarrollo espiritual. Además, la clemencia es sin lugar a dudas nuestro pasaporte a la grandeza divina, mientras aún seguimos absortos en la experiencia de nuestra humanidad.

Si nos negamos a perdonarnos a nosotros mismos o a perdonar al otro, sin darnos cuenta nos negamos el acceso a las más altas esferas de la felicidad así como a los niveles más profundos de nuestra naturaleza espiritual esencial. Honestamente, me llevó un tiempo poder gozar de la conmovedora gratitud de esta apreciación celestial. Porque, en realidad, yo había disfrutado aferrándome al rencor. Algunas de las mejores épocas que podía recordar las pasé, sin embargo, alimentando mentalmente mis heridas emocionales. Ahora, por primera vez, me daba cuenta de cuán bien alojados estaban esos rencores que vinculaban mis energías a la misma gente por la cual sentía resentimiento. En consecuencia, mi vida y la de esas personas estarían significativamente entrelazadas hasta el día en que tomara la decisión de abrir mi corazón y perdonar. Recuerdo haber leído alguna vez que perdonar significa olvidar, como si algo nunca hubiera sucedido. La clemencia requiere realmente una gran fortaleza y mucho valor, pero el premio está más allá de lo que podamos imaginar.

Ese día en el Cielo comprendí que estamos en la Tierra por una única razón: actuar como el reflejo viviente y la expresión del amor divino. Cuanto más vivamos en la conciencia constante del amor como nuestra realidad, estaremos en sintonía con el orden divino y seguiremos anclados en el dominio de la conciencia más alta. La clemencia es amor en acción. A través del sagrado acto de la clemencia, expandimos de manera exponencial nuestra capacidad de reflejar más amor y alegría en el mundo.

SEIS

No más excusas

Si consigo evitar que un corazón se rompa,
no habré vivido en vano.
Si consigo mitigar el dolor de una vida
o calmar una pena,
o tan sólo que vuelva el petirrojo
desvalido a su nido,
no habré vivido en vano.

EMILY DICKINSON

    Volver a ponerme en pie después de la cirugía a corazón abierto fue un proceso mucho más doloroso que recuperarme del rayo. Los médicos me dieron nueve meses de vida si no me sometía a otra operación que recomendaban. En una segunda oportunidad, querían quitar un músculo de mi espalda, abrirme el tórax y envolver el músculo en cuestión alrededor de mi corazón con un marcapasos implantado. Ése era el único modo en que podría vivir sin un trasplante cardíaco. Al cabo de esa espantosa operación, no sólo me vería y caminaría como Cuasimodo, sino que toda mi vida debería volver a empezar. ¡Yo no quería nada de todo eso!

En su lugar, decidí beber la vida a sorbos. Iba a hacer de cada día que me quedara el mejor. Si nueve meses era todo el tiempo que tenía, entonces estaba decidido a convertirlos en unos nueve meses inolvidables. Un régimen estricto de antibióticos y el tictac de la válvula protésica cardíaca de St. Jude me recordaban la fragilidad de mi vida. Pero también me servían como recordatorios periódicos de lo que todavía tenía que lograr y del tiempo extremadamente corto que tenía para hacerlo. Los Seres de Luz me habían encomendado cosas que aún no había terminado y ahora el tiempo tenía una importancia fundamental.

En el pasado, gimoteaba y hacía pucheros, incluso arrastraba los pies demorándome. Pero ahora ya no quedaba tiempo para mis excusas banales. Llamé a Raymond Moody. Él era quien me había forzado a operarme con el lastimoso pretexto de mi ayuda en su investigación sobre la casi muerte. Perfecto, lo justo es justo, ¿no? Me había sometido a la cirugía por él; ahora lo necesitaba para dejar la investigación encaminada, y era por mí.

Seguir esa particular senda de mi destino significó estar interminablemente en la ruta entre Carolina del Sur, Washington D.C. y Alabama. Yo vivía en Aiken y viajaba a Washington D.C. para trabajar durante la semana como contratista en el área de Defensa. Los fines de semana conducía hasta la casa de Raymond, en Alabama, para dirigir seminarios en su Teatro de la Mente. Ese trabajo era todo un desafío y, combinado con la cantidad desmesurada de viajes que suponía, me obligaba a vivir en un estado crónico de extenuación. Con todo, yo me negaba a parar. Tenía que cumplir con la misión, y eso implicaba un punto de vista completamente nuevo. Yo había vivido una epifanía. Tenía la capacidad de ayudar a la gente que había pasado por experiencias de casi muerte, personas que no tenían idea de cómo hacerle frente a la vida luego de pasar por ese trance. Ser una fuente de consuelo y de comprensión para esas personas —a las que sumaban los familiares de los difuntos a quienes había estado ayudando durante varios años— rápidamente se convirtió en una fuerza rectora en mi vida. Eso me llevó a experimentar con el primer modelo de *Klini*, la cama especialmente creada que había visto en mi primer viaje al Cielo. Por mi visión supe que la *Klini* era la clave del éxito para el centro de salud que iba a crear. Trabajé incansablemente con varios amigos íntimos para perfeccionar el diseño. Al mismo tiempo, continué con mi cruzada para establecer el capitalismo espiritualista.

En Alabama, Raymond y yo le dimos forma a una versión modificada del centro en su casa. Durante los fines de semana, le dábamos la bienvenida a un grupo de personas poco convencional, interesadas en explorar nuestros profundos conocimientos en los campos recientemente investigados de la casi muerte, así como de la muerte y los moribundos. Atraíamos a los individuos más fascinantes y brillantes que pudiera concebirse, todos los cuales compartían con fervor nuestro entusiasmo por lo paranormal.

Mi atención estaba centrada en el desarrollo de la *Klini*. Raymond se hizo cargo del paso final de nuestro método. Lo llamó *psicomantium*. Se construía para estimular las energías presentes en los antiguos oráculos griegos, a los que Raymond llamaba *necromantium*. El *psicomantium* consistía en una cámara aislada, usada exclusivamente para dirigir y santificar la comunicación con los muertos, las almas que habitaban regiones del mundo ultraterrenal.

En ese cuarto, trabajamos con cientos de personas que vinieron a nosotros de todo el mundo. Abarcaban desde celebridades famosas (o infames) hasta fornidos trabajadores de clase obrera, pasando por muchos estudiantes universitarios. Sin importar la edad, la clase o la orientación espiritual, nuestros resultados fueron fenomenales. Los miedos que esas personas tenían a la muerte si no eran totalmente eliminados, disminuían por lo general de manera drástica. En consecuencia, no seguían viendo la vida como una lucha. De hecho, en dos breves días, en el caso de la gran mayoría de nuestros participantes, la vida se transformaba mágicamente en un viaje maravilloso rebosante de infinitas y brillantes posibilidades. ¿Quién podría querer más? Era una notable experiencia para todos nosotros.

Durante esa época conocí a Paul Perry, con quien escribí mis dos *best sellers*: *Salvado por la Luz* y *En paz y en la Luz*. La cadena Fox produjo una película para la televisión sobre mí. Más de catorce millones de personas miraron las aventuras de Dannion la primera vez que las pasaron, y unos quince millones adicionales de espectadores las sintonizaron diez meses más tarde. Me pareció sumamente impactante que veintinueve millones de personas se hubieran interesado en mi historia.

Como podréis imaginaros, mi vida rápidamente cambió de marcha. Incluso fui invitado al programa de *Oprah*... ¡Ahí fue cuando supe que había llegado! Los pedidos se cuadruplicaron y ahora estaba viajando trescientos días por año, volando de una costa a la otra y despegando hacia destinos a medio planeta de distancia. Mi filosofía era: si quieren verme, ¡quiero que me vean! Me estaba intoxicando. Mi recién descubierto estatus de famoso me llevó a perder el equilibrio.

Al mismo tiempo, sentía pasión por los veteranos de guerra de nuestra nación; me preocupaba el personal militar de la Primera y la Segunda Guerra, de las guerras de Corea y Vietnam, así como aquellos que estaban defendiendo nuestra libertad en Kuwait e Irak. Yo había prestado servicio a mi país en el Cuerpo de Marines. Esa circunstancia ligada al deber me hizo profundamente devoto de todos mis hermanos y hermanas de uniforme. Tan frecuentemente como podía, visitaba los hospitales de veteranos y las clínicas de reposo de las ciudades adonde iba a dictar conferencias o a firmar libros. Durante más de veinte años, había sido voluntario en residencias de enfermos crónicos y clínicas de reposo, y ésa era probablemente mi mayor pasión. Yo había pasado por eso. Sabía exactamente lo que era yacer en una cama todo el día, mirando el techo y deseando (o esperando) morir. En el año inmediatamente posterior a la publicación de *Salvado por la Luz*, recluté más de trece mil personas voluntarias para que ayudasen en las residencias. Para mí, eso era tan emocionante como vender un millón de libros.

A pesar de todo, la gira de promoción del libro resultó ser dura. Día tras día, me enfrentaba con el dolor sobrecogedor y la tristeza inconsolable. Y yo no tenía idea de lo poco preparado que estaba para tender una mano a la cantidad de gente desesperada y angustiada, que me esperaba en fila en cada lugar. La gente me pedía que bendijera a sus hijos, que les curase las enfermedades y les quitase los pecados. El sufrimiento se había convertido en mi nueva carrera.

A medida que las cosas empezaron a calmarse y la Brinkleymanía inicial comenzó a menguar, tuve la oportunidad de recobrar el aliento. A pesar de que me encontraba totalmente agotado, seguí obligándome a cumplir con todos los compromisos y, encima, a hacer un poquito más. Tenía la molesta sensación de que mi tiempo era limitado, de modo que tenía que vivir precipitadamente. Sin embargo, en mi interior, me desgarraba vivir el tiempo que me quedaba sin una persona especial a quien amar.

Mi primera experiencia después de haber sido alcanzado por el rayo me había hecho perder la fe en el amor, de manera que había blindado mi corazón, jurando nunca más ser víctima del dolor y de la imprevisibilidad. Es más, ahora era un hombre con una misión. Tenía algo que hacer.

Así que, mientras me encontraba fuera, interpretando mis hazañas habituales, los verdaderos poderes del universo estaban conspirando para llevarme a un estado de conciencia totalmente nuevo: la esfera de estar casado y con hijos.

Mi última charla del año era en una exposición de espiritualidad en Las Vegas. Yo la esperaba porque, el año anterior, había sido entrevistado por una periodista que vivía allí. Cuando *Salvado por la Luz* llegó a la lista de *best sellers* del *New York Times*, no podía estar más feliz. Había dado cientos de entrevistas, pero la que más recordaba había sido hecha por una mujer de Las Vegas, que se llamaba Kathryn. Un año después, la misma periodista me llamó cuando salió *En paz y en la Luz*. Me entusiasmó la posibilidad de volver a hablar con ella. Y lo que comenzó como una gran entrevista de treinta minutos se convirtió en una deliciosa conversación de tres horas. Antes de despedirme, le pregunté si le sería posible llegarse hasta la exposición de espiritualidad de Las Vegas.

Me dijo que, si podía, acompañaría a su editor al aeropuerto el día en que yo llegara y que podríamos encontrarnos allí. Cuando llegué, vi al chófer de una limusina con un cartel que llevaba mi nombre, pero Kathryn no estaba allí. Mi corazón cayó en la zozobra. Tras entregarle mi maleta con ruedas al chófer, nos dirigimos a retirar el resto del equipaje.

Desde algún lugar detrás de mí, entre la multitud, oí que una voz femenina gritaba mi nombre. Al volverme para ver quién era, distinguí a una mujer de estatura mediana, con cabello oscuro, que me saludaba. Se presentó como la editora del periódico y me recordó que nos habíamos conocido el año anterior. Nuevamente, me abatió el desaliento, porque no había señales de Kathryn. Le expliqué que tenía que recoger mi equipaje, y comencé a alejarme.

Entonces me cogió por el brazo y señaló arriba de la escalera mecánica.

—Ahí está Kathryn —dijo—. Hoy ha venido conmigo para encontrarlo.

Miré hacia la parte superior de la escalera. Fue como ser nuevamente alcanzado por un rayo. Kathryn comenzó a bajar y sentí el amor a primera vista de todas las maneras en que las novelas románticas lo describen. Se me aflojaron las rodillas. El corazón me dio un vuelco. Se me secó la boca. Me sentí aturdido. Katrhyn se dirigía hacia mí, ofreciéndome una rosa roja. A cambio, le di en silencio mi corazón.

Desde ese instante, supe que la vida nunca iba a volver a ser la misma. Enamorarse supone apenas un momento. Sin embargo, a nuestra relación le supondría años abrirse camino a través de la red de intrigas que yo había tejido para asegurarme el éxito de mis misiones personales y espirituales. Para añadirse a las complicaciones existentes, Kathryn era algo así como un gran paquete de viaje. Llegó con sus seis maravillosos hijos y el padre de éstos, Jim (a quien llamó su «marido político»). Yo, sin embargo, me enamoré de todos ellos y decidí hacer que esa relación funcionase.

Ese amor fue la cosa más grande y perfecta que me pasó; con todo, en lo profundo de mi estómago, seguía sintiendo una sensación de hundimiento, una implacable sensación de inminente condena. Sabía que iba a pasar algo horrible. Me sentía agradecido por todas las cosas maravillosas que me habían pasado en la vida y por todas las formas en que había sido capaz de intervenir en la vida de los demás. Con honestidad, había dado lo máximo que podía a fin de ser la clase de persona que, según creía, los Seres de Luz querían que yo fuese. Como dijo Albert Einstein: «Sólo merece la pena una vida vivida para los demás.» No obstante, sentía que los Seres, sin duda alguna, esperaban más de mí. Mi intuición me decía que, a pesar de haber recibido el increíble regalo que significaba Kathryn y su pandilla, nuevamente iba a ser puesto a prueba.

SIETE

Otra vida muerde el polvo

Para llevar a cabo tu destino tienes que estar dispuesto a liberar tu historia.

CARL SCHMIDT

Era agosto de 1997. Por lo que recuerdo, era un día de verano extremadamente cálido y húmedo. Tras haber terminado mis asuntos en la Costa Oeste, fui hasta donde me esperaba el taxi y me sentí colmado por una profunda sensación de satisfacción. Afortunadamente, mis últimas reuniones en Los Ángeles habían salido exactamente como las había planeado. Veintidós años de trabajo duro habían preparado el camino hasta esa importante coyuntura de mi vida. En el hospital de veteranos de West Los Angeles, firmé el contrato preparatorio para crear la Twilight Brigade/Compassion in Action (Brigada Crepuscular/Compasión en Acción). Crear esta organización sin fines de lucro de voluntarios para brindar asistencia al final de la vida había sido una tarea larga y ardua que, finalmente, llegó a su conclusión con la ayuda de un pequeño grupo de personas. Con el nacimiento de esta organización hija del corazón, había concluido con otro mandato de la misión celestial dictada por los Trece Seres de Luz: el capitalismo espiritualista, que iba a ser la piedra basal de los centros que me habían pedido construir.

Mi vuelo hacia Atlanta estaba despegando del aeropuerto de Los Ángeles alrededor de la hora del almuerzo. Una vez en el avión, me instalé en el asiento asignado, anticipándome a unos pocos momentos de tranquilidad para saborear mis recientes victorias. Pero al instante mi atención se distrajo por el imperativo de un horrible dolor de cabeza. A lo largo del día se había estado desarrollando, pero hasta ese momento había logrado ignorarlo.

A medida que el avión ascendía por encima de los mil seiscientos metros, fui cada vez más consciente de que la creciente altitud estaba aumentando la intensidad de mi dolor de cabeza. Sin aviso alguno, sentí que algo estallaba en el lado derecho de mi cabeza. Inmediatamente después, sentí cómo disminuía la presión en mi cerebro, acompañada por una sensación general de debilidad física. La extrema debilidad fue lo que me pareció más alarmante. Al mismo tiempo, a través de varios destellos de luz vi literalmente estrellas dentro de mi cabeza. Luego, del mismo modo repentino, el dolor desapareció, sólo para retornar diez minutos después, como una venganza cruel. A lo largo de las tres horas y media siguientes, sufrí un dolor insoportable. Mover un poco la cabeza o incluso parpadear lentamente, me provocaba un sufrimiento agudo que, estaba seguro, haría explotar mi cabeza.

Llegué a mi casa en Aiken, Carolina del Sur, después de la medianoche. Hasta el día de hoy, no recuerdo cómo hice para llegar. Y, por cierto, no alcanzo a entender cómo sobreviví esa noche. Milagrosamente, llegó la mañana. Me acuerdo de haber empujado el sofá cama en un intento por ponerme de pie, cuando mi padre cruzaba la puerta de la calle. En ese momento otra erupción estalló en mi cerebro y caí al suelo ante la mirada de mi padre. Él no pudo evitar que me cayera, pero vio el horrible hematoma de la hemorragia interna que había comenzado en mi pecho y brazos. Mientras luchaba desesperadamente por respirar, en cada débil intento de articular palabras se revelaba el progresivo deterioro de mi habla. Creí en verdad que era mi último día en la Tierra. Sabía sin duda alguna que se había formado un coágulo o un aneurisma en mi cerebro. El pánico que reflejaban los ojos de mi padre inundó mi corazón con el dolor lacerante de la pena. Cómo me habría gustado que no hubiera tenido que verme así otra vez. Esa escena se había vuelto demasiado familiar.

Mi padre siempre había sido un héroe para mí y, en ese instante, su gran tristeza era más de lo que yo podía tolerar, así que cerré los ojos para no verla. En mi fuero interno, busqué encontrar algo de consuelo en mis recientes triunfos espirituales. Nada detendría lo que yo había puesto en marcha con la creación de la Brigada Crepuscular. Los veteranos de guerra estadounidenses tenían ahora un sistema de apoyo poderoso, con voluntarios atentos, dedicados a estar al lado del lecho de nuestros héroes nacionales. Es más, si ése era mi último día, haría el tránsito de la vida a la muerte con orgullo, sabiendo que la gracia estaba firmemente anclada en el lugar apropiado.

Mi padre, que hacía todo lo que podía para no sufrir un colapso emocional, sólo quería llevarme al hospital. Después de que me ayudase a levantarme del suelo y recostarme de nuevo sobre el sofá cama, le pedí que me dejara allí un tiempo hasta que se disipara el mareo. En ese momento, la dificultad para mantenerme consciente se hizo cada vez mayor. Aunque el dolor de cabeza me empañaba la visión, me las arreglé para marcar el número de teléfono de un amigo que podría llevarme hasta Charleston. Sabía que mi padre no iba a poder. Las dos horas de viaje hasta el hospital de Charleston se hicieron dos años. Habíamos telefoneado al hospital, de modo que los médicos y el personal de la sala de urgencias estaban al tanto de nuestra llegada.

Apenas recuerdo unos pocos instantes de lo que aconteció a lo largo de los dos o tres días siguientes. E incluso esos momentos están borrosos, porque el interminable dolor me dejaba aturdido, mientras deambulaba en medio de una niebla de medicamentos de un estado de conciencia a otro. Recuerdo que me dijeron que los exámenes habían confirmado la existencia de un pequeño aneurisma cerebral, así como de tres hematomas subdurales en mi lóbulo temporal derecho. En concreto, el aneurisma no se podía operar y los hematomas subdurales significaban una amenaza inminente para mi vida. Con cada latido, una abundante cantidad de sangre era bombeada a mi cavidad craneal. Eso creaba una presión insoportable que empujaba mi cerebro contra el lado izquierdo de mi caja craneal, y una presión continua como ésa seguramente acabaría con mi vida. A pesar de que la medicación resultaba en gran parte ineficaz, era la única muestra de consuelo que los médicos podían ofrecerme. La tortura continuó durante días y días. Era posible una operación para aliviar la presión y morigerar el dolor, pero no mientras mi sangre estuviera tan diluida.

Desde la operación a corazón abierto, había estado tomando una alta dosis diaria de Coumadin para diluir mi sangre. Dado que había consumido más de treinta miligramos por día (la dosis promedio es de dos a cinco miligramos diarios), ahora tenía la sangre tan diluida que, seguramente, podría desangrarme hasta morir en el quirófano. No tenía otra alternativa que dejar de tomar los anticoagulantes y esperar a que mi sangre se espesara lo suficiente.

Al cabo de varios días de confinamiento, sentí la necesidad urgente de distraerme y decidí escapar por un rato. Convencí a un amigo para que fuera mi cómplice. Después de ayudarme a salir del hospital, éste me llevó directamente a la playa. Estar sentado en tranquila soledad, ante la ilimitada extensión azul del océano Atlántico, hizo del día algo maravilloso. Mi espíritu levantó vuelo lejos de todo lo que me preocupaba. Gocé la libertad de ascender sobre la Tierra y de volver a respirar realmente. Desde esa posición elevada y ventajosa, pasé las próximas horas reflexionando con sinceridad sobre mi vida. Al contemplar hacia atrás todo mi pasado, en la seguridad de la quietud, mi mente se deleitó a la luz de muchos acontecimientos que me hacían sentir orgulloso. Sin embargo, había muchas otras cosas que podría haber hecho de manera diferente y mejor. Bajo la deslumbrante luz de esa autoevaluación absolutamente honesta, y a pesar de los instantes de tristeza y pena, consideré mi vida con una sonrisa. En realidad, había pasado un largo tiempo desde los días en que era un imbécil irreflexivo. Bueno, tal vez seguía siendo un poco imbécil, pero no tan a menudo. En definitiva, a medida que pasaba por el tamiz mi existencia terrenal, me embargaba una serena sensación de plenitud espiritual. Si mi tiempo estaba llegando a su fin, gracias a ese día de contemplación, podría irme en paz. Pero si mi intuición era correcta, las cosas estaban a punto de ir de mal en peor.

Ya en mi segunda semana de hospital, el sentido del tiempo ya no existía para mí. Nada me aliviaba el dolor, y éste robaba mis fuerzas. Es sorprendente cómo el dolor incesante puede agotar con crueldad el espíritu y producir cortocircuitos en todos los procesos mentales. Decidido a pelear hasta el final, luché por seguir despierto y del todo consciente de los cambios sufridos por mi cuerpo. Para lograrlo, mediante auriculares escuché constantemente sonidos sanadores o tonos blancos para ahogar por completo la cacofonía de la industria de la salud que operaba justo detrás de mi puerta. Dentro de mi mente, yo me encontraba en un mundo contemplativo imbuido con la serena presencia de la paz espiritual. Ése era el mundo que había conocido durante mi primera experiencia de casi muerte. Desde ese momento, me propuse volver a visitarlo con tanta frecuencia como me fuera posible.

Al situarme en un estado modificado de conciencia, podía entrar en una dimensión que me permitía escapar del dolor por breves intervalos de tiempo. Durante esos viajes fuera del cuerpo, aprendí a recargar mi yo físico con la vitalidad hallada en mi cuerpo etéreo, donde el dolor y la incomodidad no son una realidad. Lo logré concentrándome en un sonido simple y produciendo un tono en mi garganta. Luego, visualizaba un color. Para mí, el índigo o el violeta funcionaban mejor debido a su frecuencia espiritual notablemente alta. Conservaba el color en el ojo de mi mente hasta que con él saturaba mi ser y, al fluir hacia fuera, el color iba llenando de a poco todo el cuarto con su frecuencia sanadora. Cuando se practica este ejercicio de manera regular, cada vez toma menos tiempo llegar a ese espacio entre los mundos.

Esa técnica de salir del cuerpo fue lo único que me hizo posible soportar los primeros rounds de esa pelea en el campeonato de los pesos pesados por mi vida. En esa pelea los médicos le dijeron a mi padre que yo tenía apenas el 8 % de probabilidades de sobrevivir y, en realidad, ninguna oportunidad de ganar. Nadie albergaba dudas al respecto: yo iba a morir. Para ese entonces, el comentarista de radio Art Bell y su querida esposa, Ramona, habían viajado a Charleston, desde Nevada, para estar a mi lado. Nunca podré expresar lo agradecido que me sentí por tenerlos cerca.

Por último, los médicos llegaron a la conclusión de que la única manera en la que tendría alguna posibilidad de sobrevivir a la cirugía era abrirme el pecho, al mismo tiempo que extirpaban una porción considerable de mi cráneo. De ese modo podrían monitorizar mi corazón para evitar cualquier coágulo que pudiera abrirse camino a través de la válvula artificial que me habían implantado en 1989. ¡La idea de semejante operación no me gustaba para nada! ¿Os imagináis enfrentar una cirugía cerebral y otra a corazón abierto al mismo tiempo? No sorprende que apenas me hubieran dado un 8 % de posibilidades de supervivencia.

Entonces me otorgaron un alivio temporal de once horas: la doble cirugía fue descartada. En un ataque de genialidad, uno de mis médicos recibió lo que creo fue una inspiración divina. Propuso una operación alternativa para drenar la sangre acumulada en el cerebro perforando tres agujeros en uno de los lados de mi cabeza. Las opciones eran claras: aliviar la tensión de los tejidos o enfrentar la posibilidad de un daño cerebral irreversible. Al cabo de una breve discusión con mi familia a propósito de los riesgos que implicaba, decidimos que los médicos siguieran adelante con el proceso. Tomó apenas dos horas y media perforar los agujeros e insertar los tubos de drenaje. La operación salió bien: yo seguía con vida y la sangre estaba drenando. Sin embargo, poco después las cosas se pusieron de miedo.

Durante las siguientes cuarenta y una horas, mi cuerpo sin vida yació en la sala de reanimación, mientras yo luchaba por recuperar la conciencia. Mi yo espiritual vagaba por el inframundo en busca de comprensión, tema que abordaré en el próximo capítulo. Mientras tanto, las enfermeras trabajaban para despertarme y los médicos empezaban a preocuparse seriamente. Cuando volví en mí, una enfermera muy aliviada me recibió de vuelta a la vida y pronto trasladaron mi cama a una habitación individual.

Al cabo de una hora, tuve una convulsión epiléptica mayor. Como reacción a las aterradoras alucinaciones que suelen acompañar este tipo de ataques, traté de escapar del hospital. En mis esfuerzos por liberarme, primero me quité uno de los tubos de drenaje de la parte delantera de la cabeza. Luego, arranqué con violencia el entubado intravenoso de ambos brazos. Arrojando las bolsas de antibióticos y solución salina al suelo, me abrí camino hacia la puerta. Dos fuertes ordenanzas encargados de detenerme se hicieron presentes, mientras yo intentaba darme a la fuga. Necesitaron muchos esfuerzos para contenerme. Lo último que recuerdo es haber sido atado a la cama por los ordenanzas, mientras la enfermera trataba de volver a poner el tubo de drenaje. A continuación, todo se puso negro. Caí en un estado similar a un coma durante varias horas y al despertarme me encontré todavía atado, en una sala de observación neurocardíaca. Mucho después, los médicos me contaron que me habían trasladado a ese pabellón porque la convulsión epiléptica mayor a menudo provoca ataques cardíacos, infartos u otras convulsiones epilépticas generalizadas, lo que, a menudo, resulta fatal.

La gracia divina y las plegarias cariñosas de las personas que me rodeaban me salvaron de un destino incluso peor. Lentamente, comencé a reponer mis fuerzas y se estimó que ya no sería necesaria otra operación. Después de casi treinta días en el hospital, finalmente me dieron de alta y pude volver a casa. Pero la recuperación de la cirugía cerebral implica un proceso largo y difícil. Los médicos me dijeron que con toda probabilidad experimentaría dolores de cabeza durante un par de años después de la operación, y no les faltó razón. Cuando me asaltaban aquellos dolores de cabeza, mi vida se detenía con un estridente frenazo. El dolor abrasador resultaba tan debilitante que, a menudo, sentía un mareo extremo y perdía el equilibrio.

Pasados los años, la buena noticia es que me siento un poco mejor cada nuevo día. Ocasionalmente, un dolor agudo o una jaqueca me harán recordar que debo mantenerme en el rumbo correcto. Pero, en términos generales, mi salud es buena, aunque todavía representa un desafío. Aún tengo que lidiar con varios problemas físicos, considerando todo lo que le pasó a mi cuerpo. Sin embargo, incluso a la luz de todas las pruebas extremadamente duras que he pasado, las maravillas de la vida nunca han dejado de fascinarme. Y por cierto, quisiera compartir algunos detalles interesantes con vosotros para que los evaluéis: me alcanzó un rayo durante una grave tormenta eléctrica a las 7.05 de un miércoles, el 17 de septiembre de 1975. Veintidós años después, durante otra grave tormenta eléctrica, a las 7.05 del miércoles 17 de septiembre de 1997, tenía cita para una operación de cerebro. ¡Caramba, qué plan ingenioso formuló el Espíritu para captar mi atención! ¿Qué pensáis que estaba tratado de decirme el universo con esa asombrosa demostración de sincronicidad cósmica? Por supuesto, esto podría tal vez considerarse como una mera coincidencia. Creo en las coincidencias; pero nunca he visto ninguna.

OCHO

Diversos grados de Cielo

La vida es agradable.
La muerte es pacífica.
Lo problemático es la transición.

ISAAC ASIMOV

Durante la operación para efectuar los agujeros en mi cráneo, volví al dominio celestial y descubrí algunas cosas que no había notado antes. Durante años estuve considerando si revelaría los detalles de mi tercera experiencia de casi muerte, porque no podía encontrar el encuadre mental apropiado para transmitir los detalles perturbadores que exigían formar parte de la historia. Lo que mi alma experimentó mientras en mi cuerpo se practicaba la cirugía cerebral fue horriblemente confuso.

En miles de conferencias, había asegurado ante el público que no existía eso que llaman Infierno. Racionalizaba muy acertadamente la cuestión diciéndole a mi audiencia: «Si con todos los problemas que organicé en mi vida no me mandaron allí, ¡a ninguno de vosotros entonces os enviarán a ese lugar!» Yo estaba seguro de que esa afirmación era un hecho verificable. En mis anteriores visitas al Cielo, personalmente había presenciado sólo estados de amor y de felicidad. Y después de haber dedicado un tiempo a asimilar apropiadamente todos los detalles de mi experiencia, me sentía contento de referir mis descubrimientos al mundo. Podía hacerlo sin mayores problemas. Jamás, ni en mis fantasías más salvajes, me había atrevido a pensar que en el Más Allá podría haber algo diferente de lo que había contemplado en mis primeras experiencias de casi muerte.

Hay que tener en cuenta que en mis dos visitas anteriores al otro lado del velo, sólo vagamente había sido consciente de la existencia de diferentes niveles de Cielo. Durante mi visita a las Ciudades de Cristal, había mirado hacia abajo y había visto por encima a otros seres que parecían estar perdidos. Era evidente que vibraban a menor velocidad. No obstante, les presté poca atención porque, con sólo mirarlos, mis vibraciones disminuían para asimilarse a las de ellos, lo que me resultaba muy molesto. Más aún, sólo quería concentrar mi atención en el nivel que yo ocupaba. Lo que estuviera arriba, abajo o a cada uno de mis lados no tenía verdadero interés. Creedme, no hay nada raro en ello. Mi respuesta general a la vida siempre había sido: ¡Sólo importo yo! De modo que, para mí, lo que le pudiera ocurrir a cualquier alma en el otro lado estaba absolutamente fuera de mi incumbencia. Lo único que quería era saber adónde me estaban llevando los Seres y qué íbamos a hacer cuando llegásemos.

Recordad, la Biblia nos dice que hay siete Cielos. ¡Mientras estuviera todavía allí, estaba preparado para conocerlos! En mis primeras dos experiencias, había sido conducido a través de portales de cristal resplandeciente a las Ciudades de Cristal. Luego, ante mis ojos espirituales, habían aparecido trece Seres de Luz detrás de un estrado refulgente. De inmediato, había percibido que eran trece Seres muy poderosos, carentes de género. Cada uno de esos Seres era la encarnación espiritual de lo que yo llamaría una virtud humana, tales como el heroísmo o la sabiduría. En su presencia, no sólo yo aprendía, sino que me convertía en conocimiento. Uno por uno, los trece Seres de Luz me infundieron visiones de lo que conmocionaría al mundo en un futuro no muy lejano. Cuando mi recuperación lo permitió, anoté las visiones a las que había asistido ese día inolvidable en la casa de nuestro Padre. La Biblia nos dice: «En la casa de mi Padre muchas moradas hay» (Juan 14:2). Ahora sé, incuestionablemente, que es verdad. Pero todavía me siento un tanto incómodo con lo que dice la Biblia a propósito de que las calles del Cielo están pavimentadas con oro. Jamás nadie me mostró nada así, ¡y eso que yo estaba pendiente de verlo!

De todos modos, lo que quiero compartir con vosotros es cómo fue mi tercera experiencia de casi muerte en relación con las otras dos. En muchos sentidos, fue similar porque experimenté muchas sensaciones parecidas. Pero hubo también algunos aspectos sorprendentemente diferentes esperándome a modo de bienvenida en esa tercera visita. Creo que mi estadía en el Más Allá durante la operación de cerebro de 1997 fue, en realidad, la culminación de las dos experiencias previas. Luego de mucho pensarlo, llegué a la conclusión de que la primera experiencia de muerte en 1975 (estuve muerto, creedme, no hubo nada que pueda relacionarse con *casi*) tenía como propósito aclimatarme al proceso por el cual todos realizamos nuestra transición desde este mundo al próximo. Eso es algo que desearía que comprendierais: como la mayoría de nosotros, hasta los veinticinco años estuve convencido de que mi mundo existía dentro de una realidad que poseía una estructura mental y física. Sin embargo, en el momento de mi muerte, tuve acceso a una realidad multidimensional. En el contexto de esos dominios, establecí una conexión mental con lo que más tarde serían mis habilidades empático/psíquicas. Creo que, de manera innata, todos poseemos tales capacidades, junto con el potencial para perfeccionarlas.

El contenido de mi segunda experiencia trajo a mi conciencia una percepción del multiuniverso aún más aguda. Me ilustró sobre futuros avances específicos de la ciencia (nanotecnología) y de la medicina (terapias de fotones). Los Seres me mostraron de qué modo las innovaciones en esas dos áreas podrían ser instrumentadas en el proceso de reducción del estrés. Me di cuenta de que podría incorporarlas en los centros que me enviaban a construir en la Tierra. Siendo el estrés la primera causa de enfermedad entre los humanos, los Seres me compelieron a erigir los centros como una forma de activismo espiritual, destinada a ayudarnos a utilizar las propiedades curativas de la serenidad.

Para continuar con mi formación en la tercera experiencia, los maestros divinos decidieron ampliar mis conocimientos. Esta vez su tarea fue explicarme la grandiosa configuración jerárquica de los dominios celestiales. Nunca olvidaré la ola de alivio y alegría que cayó sobre mí cuando culminó esa lección. De modo que, como resultado de lo que me mostraron, puedo deciros inequívocamente que no hay Infierno, ¡sólo diversos grados de Cielo! Desde estados de éxtasis hasta aleccionadores estados de autocontemplación, el reino celestial funciona de todas las maneras posibles para brindar consuelo al alma.

En las tres experiencias, me elevé por encima de mi cuerpo y viajar a través del lugar azul-grisáceo me parecía ser el único presente. Viví por completo en ese espacio nebuloso, aunque todavía podía sentir claramente el mundo que acababa de dejar atrás. La tranquilidad que me rodeaba estaba inmersa en el balsámico sonido del silencio... pero sólo por un rato.

No pasó mucho antes de volverme consciente del sonido de campanas que venía desde lejos. Siete campanadas, para ser exacto. El melódico eco creaba en mí una sensación estimulante de liviandad y expansión. Mientras continuaba el repique, yo vibraba en armonía, volviéndome cada vez menos denso. Entonces, tan ligero como el aire, sentí que me elevaba a través de octavas dimensionales más altas. Al volver a considerarlo, ahora reconozco que las campanadas marcaban el tono para la elevación de mi conciencia a través de esas esferas diferentes. Potenciadas por la vibración de las ondas sonoras, las campanadas abrían literalmente las esferas, permitiendo que me desplazara sin esfuerzo a través de los sucesivos niveles. Poseer previamente esa conciencia debido a mi primera experiencia de casi muerte me ayudó durante la segunda estancia en el Más Allá a apreciar con mayor plenitud la hermosa precisión puesta en juego en el Cielo. Disfruté de poder apreciar con mis ojos la gracia del sistema por el cual nos despedimos de la vida presente. Es un sistema magníficamente diseñado para ayudar a abrirnos, una vez más, a la verdad de nuestra identidad divina. Ese mismo sistema me iluminó con la sorprendente revelación de que vivimos en diferentes dimensiones, y de que existen muchas realidades más allá de ésta.

Al mismo tiempo, tomé clara conciencia de que nuestra presencia humana y mortal dentro de este plano terrenal no se ve para nada rebajada por la presencia de esas otras realidades. De hecho, me causó una indeleble impresión conocer la vital importancia que tiene, en este amplio esquema de las cosas, el trabajo que hacemos sobre la Tierra. Es necesario que nos hagamos cargo de que la evolución de cada uno de nosotros, y de la humanidad en su conjunto, tiene un inconfundible y poderoso impacto en el desarrollo global de todo el universo. Cada uno de nosotros está intricadamente unido al tejido del plan último de Dios para alcanzar la perfección. Tanto de manera colectiva como individual somos indispensables en la búsqueda de dicha perfección. A pesar de que todos nosotros tenemos una identidad única y un modo particular de manifestar nuestra fuerza vital, seguimos siendo un componente inseparable de la conciencia única: nuestro campo universal unificado. Como las notas individuales de una melodía exquisita, cada uno de nosotros es esencial para el flujo y la armonía, para el todo y la belleza de la rapsodia universal que insufla vida en el núcleo de nuestras almas. Todavía más sorprendente para mí fue darme cuenta de que, como seres multidimensionales, hay aspectos de nosotros (en nuestra totalidad multifacética) que llevan a cabo ese potente trabajo en varios lugares al mismo tiempo. No sé qué pensaréis vosotros, ¡pero según mi parecer ésta era una información demasiado vasta y difícil de asumir!

Siempre había pensado que, al menos en mi caso, ya tengo suficiente con vérmelas ante el misterio espiritual de una vida. Entonces, descubrir que coexistimos con distintos aspectos de nosotros mismos, en múltiples vidas y en múltiples niveles de conciencia, significó para mí un gran salto al vacío. Con todo, supe que era cierto. Y eso me ayudó a entender por qué necesitamos tanto sueño por las noches. Pensadlo: con todo el trabajo que hacemos en tantos niveles, ¡no debe sorprendernos que nos sintamos cansados todo el tiempo! Esta verdad universal constituyó el tesoro de conocimiento que adquirí en mis visitas más allá del velo.

Todo en la tercera experiencia de casi muerte continuó siendo bastante coherente respecto de las dos anteriores... hasta cierto punto. Los lugares por los que viajé y las nuevas visiones que presencié en esa tercera excursión al Más Allá crearon un paradigma enteramente nuevo de lo que yo había creído eran la naturaleza y la estructura del Cielo. Inesperadamente, fui forzado a aceptar, me gustase o no, un punto de vista más abarcador de la Otra Vida. En consecuencia, me sentí engañado.

Tal vez *traicionado* sea la palabra más apropiada, ya que de ningún modo había sido adecuadamente preparado para lo que presencié. Con toda honestidad, quería olvidarme de ello. Así, al igual que muchos de nosotros, usé el trabajo como una forma de escape. En mi caso, se trataba del trabajo en las residencias. Pasé innumerables horas al lado de la cama de otros. Pensé que esforzándome con tesón en la misión que la divinidad me había asignado podría eludir la necesidad de divulgar esa nueva información al público. No obstante, en el caso de las personas que estaban muy próximas a la transición, hice todo lo posible para ayudarles a evitar que quedasen atrapados en los lugares que yo había visto.

Sin embargo, para mi desazón, descubrí que el universo tiene una manera de ser irritantemente persistente. Una vocecita interior se negaba con firmeza a darme un descanso. A intervalos regulares (aproximadamente, cada dos meses) mis guías me instaban con denuedo a compartir esa información.

Y ya que estamos en el tema, permitidme usar esta oportunidad para señalar que todos estamos rodeados por la amorosa protección de entidades que prometieron cuidarnos día y noche. Esos guías o ángeles de la guardia, como se les denomina a menudo, esas almas pueden ser nuestros seres queridos difuntos —amigos o miembros de la familia que han hecho su transición—, o bien criaturas altamente evolucionadas sin vínculos terrenales con nosotros.

Bueno, algunos de mis guías me gustan y otros no. En particular, no les tengo nada de simpatía a aquellos a quienes les gusta fastidiarme. Y ésos seguían fastidiándome mientras que, cada vez que yo trataba de formular esa verdad recientemente revelada, fracasaba. ¿Cómo podía contar esa historia sin añadir estrés y preocupación a la vida de los demás; particularmente a la de quienes ya se estaban enfrentando al fin de su propia vida o a la pérdida de sus seres queridos?

Entonces fui bendecido con una intuición: ésas eran

las personas que más se beneficiarían con dicha información. En lugar de añadir más tensión a sus vidas, el Espíritu me estaba pidiendo que les brindase una verdad espiritual como forma de soslayar su excesiva aflicción. Se me había asignado la ardua tarea de llevar noticias extraordinarias al mundo. Al principio, la misión me pareció bastante dura, pero a través de la firme guía de mis Asistentes Angélicos, llegué a darme cuenta de que, con el tiempo, esto ayudaría a que millones de personas mejorasen su calidad de vida, aquí y en el Más Allá.

Os pregunto: ¿el Espíritu tiene o no sentido del humor? Pensadlo. Ahí estaba yo, un auténtico demonio, un producto enrarecido de la rebelión religiosa. Había nacido y crecido en medio del fundamentalismo protestante, en el corazón del Sur Profundo. ¿Por qué razón había sido seleccionado como portavoz del otro lado del velo? ¿Por qué había sido elegido para compartir con toda la humanidad las noticias de último momento del nuevo milenio?

Luchaba contra esa pregunta una y otra vez. ¿Puedo deciros algo entre amigos? Nunca fui capaz de descubrir una respuesta lo suficientemente buena. Lo único que sé con seguridad es esto: un día, no creía en absoluto en todas estas cuestiones; al día siguiente estaba muerto, y un día después me convertía en todo aquello en lo que no había creído. También sé otra cosa que quiero compartir con vosotros: habitamos en un universo equitativo y justo. Se me ha mostrado repetidamente que todas las cosas hacen un verdadero trabajo para el bien. Por consiguiente, tengo una fe absoluta en que lo próximo que comparta con vosotros iluminará vuestras mentes y elevará vuestros espíritus de un modo que traerá verdadera paz a vuestras almas.

NUEVE

El fértil vacío

La muerte es más universal que la vida; todos mueren, pero no todos viven.

A. Sachs

La tercera vez que me aventuré en el Cielo, al igual que había ocurrido antes, fui directamente a lo que llamo el lugar azul-grisáceo. Las otras veces había interpretado ese lugar como un espacio vacío, y había salido de ahí más bien rápido. Esta vez, en cambio, sentí como si me hubiesen depositado allí y me di cuenta de que no estaba solo. Pronto se me hizo evidente que ese profundo santuario era en realidad en sí mismo un nivel de conciencia completamente separado.

Antes nunca había interpretado el lugar azul-grisáceo como una realidad soberana, suspendida entre este mundo y el próximo. Estando en el borde de ese entorno ominoso, esa dimensión semidensa pesaba excesivamente sobre mis sentidos. Admito con reticencia que sólo puedo compararla con lo que el catolicismo llama purgatorio. La Santa Iglesia de Roma estima a esos distintos subniveles como el lugar al que van aquellos a quienes se considera ya salvados, para que pasen por la purificación que les permita alcanzar la santidad necesaria para entrar en el gozo del Cielo. Recordemos que los griegos, los asirios, los egipcios, los babilonios e incluso los mayas hablaron de los diferentes niveles que existen entre esta Tierra y el Más Allá.

Personalmente, hice las paces con el inframundo como lugar en el que podemos habitar durante el tiempo que nos lleve reconocernos a nosotros mismos como seres espirituales inmortales, antes que como seres físicos y mentales. No es el lugar donde se nos castiga por nuestros pecados; es una región de conciencia celestial donde purgamos nuestro concepto equivocado de la realidad, basado en el libre albedrío. Aquí somos capaces de liberarnos de todas las concepciones erróneas terrenales para volver a conectarnos con nuestra pureza esencial, nuestra naturaleza suprema. A salvo en este fértil vacío, las almas son protegidas y apoyadas mientras atraviesan el proceso de despojarse de las características humanas y de las actitudes que impiden la expresión de su auténtica divinidad.

Durante mi encuentro con esta región mística, lo primero que me llamó la atención fue la manera en que una energía densa y lenta minaba mis fuerzas, haciéndome sentir débil y ansioso. Luego fui abruptamente alcanzado por la presencia incómoda de incontables almas que se arremolinaban alrededor de mí. Parecían prisioneras en un círculo vicioso de depresión, abatimiento y desesperación. Al cabo de un tiempo de intensa observación, de pronto me impactaron los detalles de sus respectivas historias. Esas almas perdidas revivían sus últimos días sobre la Tierra una y otra vez, sin concluir. Se me hizo saber que algunas de ellas habían quedado atrapadas en ese santuario de vacuidad desoladora, volviendo a interpretar la desoladora miseria de sus vidas por lo que parecían ser cientos de años.

Una de las desgarradoras historias que contemplé fue la de un soldado vestido todavía con los andrajos de su uniforme de Confederado. Percibí la abrumadora angustia que él había sufrido cuando se aferró con desesperación a un barril de madera. El soldado apareció flotando en el océano Atlántico, frente a la costa de uno de los estados sureños. Nuevamente, se me hizo saber que había permanecido aferrado al barril, convencido de que pronto alguien acudiría en su rescate. Pude percibir cómo iba creciendo su resentimiento hasta llegar a un punto de ruptura, a medida que aumentaba su cansancio por estar prisionero del agua. El abatido soldado se negaba a soltarse del barril porque su orgullo se aferraba, con razón, al hecho de que él había actuado de manera honorable al defender sus principios. En virtud de eso, y de los sacrificios personales que había realizado por su país, confiaba en que alguien llegaría para salvarlo de esa muerte indigna. Por supuesto, la verdad era muy simple: no podía aceptar el hecho de que sus días sobre la Tierra habían llegado a su fin. Lamentablemente, estaba claro que el soldado se negaba a renunciar a lo que consideraba un asunto sin terminar; y sucedía que el asunto sin terminar era su propia vida. Jamás se le había ocurrido que estaba muerto. Y yo no sabía qué le podría suceder cuando finalmente aceptara su condición.

Mirando a mi alrededor, pude ver a muchos soldados en circunstancias extraordinarias, aunque similares. Llevaban distintos uniformes, y no reconocí a muchos de ellos. Parecían representar todas las guerras de la historia de nuestro mundo. Esos hombres estaban reunidos en grupos, pero no necesariamente a partir de la guerra o el conflicto específicos en que con tanto valor habían peleado. En cambio, parecían haberse agrupado en razón de la percepción que tenían sobre su participación en la batalla o de su actitud a propósito de la devastadora pérdida de vidas a la que habían asistido. Está claro que algunos de esos bravos soldados habían sido asesinados de forma tan rápida e inesperada, que casi no habían tenido tiempo para registrar en su mente lo sucedido. Otros habían sido forzados a soportar torturas horribles y privaciones antes de morir. Ante la imposibilidad de aceptar la inconcebible inhumanidad que se había arrojado sobre ellos, esos soldados eran incapaces de alcanzar ningún nivel tangible de perdón.

Irónicamente, el perdón era justo lo que se necesitaba para que llegasen a un estado de gracia. Porque sólo por la gracia esas almas perdidas podrían descubrir el camino que les aguardaba para conducirlas a la luz.

No lejos de la zona en que los soldados estaban arracimados, se materializó ante mis ojos otra escena trágica. Era como una secuencia de viñetas cuidadosamente escenificada con el único propósito de mi edificación espiritual. En segundos, fui rodeado por miles de hombres, mujeres y niños inocentes, cuyas vidas habían sido segadas de un tirón de manera implacable. Eran culpables de una única cosa: estar en el lugar preciso en el momento equivocado. Sus vidas habían sido aniquiladas en actos insensatos de violencia militar; el mismo tipo de guerras sangrientas e inmisericordiosas que se habían perpetrado en la humanidad desde el advenimiento de la civilización. ¿Podéis imaginaros estar sentados en una cena adorable con vuestra preciosa familia y que de pronto vuestra casa vuele en pedazos por una bomba de doscientos cincuenta kilos? Esa forma de hostilidad desmedida, en nombre de la libertad, la conquista, la religión y la colonización, ha sucedido demasiadas veces en los últimos siglos. Ese desesperado grupo de almas todavía estaba buscando frenéticamente la razón por la que se les había robado sus vidas. Niños inconsolables con los rostros manchados de lágrimas vagaban sin rumbo llamando a sus padres, a los que anhelaban encontrar con desesperación. Esposos y padres desconsolados vagaban buscando a sus seres queridos, de quienes habían sido brutalmente separados. Sus mentes no podían entender qué les había pasado. Yo estaba sobrecogido por la multitud de confiados familiares que, en tanto víctimas de guerra, habían sido de pronto transportados desde el reino alegre y multicolor de lo físico hasta ese lóbrego depósito azul-grisáceo de desolación. En ese momento, me sentí agotado por el pánico y el miedo de la gente que me rodeaba. ¿Cómo era posible que les hubiera pasado eso a quienes no tenían ninguna culpa? ¿Por qué esas almas estaban sufriendo en manos del mal creado por el hombre? ¿Por qué Dios no intervenía para detener su agonía?

Antes de recibir cualquier tipo de respuesta a mis preguntas, otro sector de ese cenagal azul-grisáceo se presentó ante mí. Me encontré en medio de un grupo de mujeres que hacían señas desde distintas épocas de la historia.

De todos los tamaños, edades y aspectos, las mujeres parecían reunidas bajo el paraguas de una característica: la pérdida del respeto por sí mismas. Se me hizo comprender que todas esas damas habían sido víctimas de abusos, habían vivido desmoralizadas, aunque, en cierto nivel, habían sabido que tenían la opción de terminar con ese ciclo. En el aire se percibía una palpable mortificación. A pesar de todo, en la miseria del sufrimiento, esas mujeres creían que habían hallado el sentido de sus vidas terrenales. Sus relaciones íntimas, asediadas por la amargura y la culpa, las habían apartado indefinidamente de su herencia divina: un lugar santificado en la otra vida. Nuevamente, mi corazón se hundió en un mar de desesperación. ¿Qué podía hacer con esa angustia sobrecogedora? Pero pronto sentí que estaba saliendo del silencio profundo del lugar azul-grisáceo y que comenzaba a oír el sonido de voces. Alguien me llamaba por mi nombre. Abrí los ojos para descubrir que estaba de pronto en la sala de reanimación. La operación de cerebro había sido un éxito y me hallaba de vuelta en el reino terrenal.

Sin embargo, durante varios meses no pude sacudirme los escalofriantes remanentes de mi paso por el lugar azul-grisáceo. Mi corazón mantuvo un dolor constante por todos los espíritus privados de derechos con los que me topé en los casi dos días que pasé allí. De manera incesante, busqué comprender la razón por la que aquella gente era mantenida como rehén de la agonía. Víctimas todas de una devastadora ausencia de esperanza, esas almas habían perdido de vista el respeto por sí mismas, se negaban a expresar un genuino reconocimiento ante la vida o sacrificaban el refugio de un fundamento espiritual significativo. De esa forma, también se habían separado colectivamente de la seguridad de su fuente eterna. Yo las había observado caminar sin rumbo por las húmedas brumas del mundo que se extiende entre los reinos. Cada una esperaba que el sol brillase sobre ella una vez más. Y yo tenía que saber por qué.

Entonces, una tarde, mientras todavía me estaba recuperando de la operación, hojeaba distraídamente la Biblia, cuando mis ojos cayeron sobre Marcos 10: 14-15. Allí Jesús dice: «Dejad a los niños venir a mí, y no se lo impidáis; porque de ellos es el reino de los Cielos. De verdad os digo, el que no reciba el reino de Dios como un niño, no entrará en él.» Cuando leí eso, recordé las clases de catequesis. En un instante, la proverbial bombilla se encendió sobre mi cabeza. Finalmente, todo ese machacar bíblico de mi niñez estaba empezando a tener sentido. En esas pocas palabras había encontrado uno de los mayores secretos de la luz. O mejor dicho, había descubierto con exactitud qué era lo que mantenía a multitudes de personas lejos de la luz. Ese breve párrafo me había otorgado la epifanía que durante tanto tiempo no había encontrado.

¡Finalmente lo sabía! Las almas que había visto atrapadas entre el Cielo y la Tierra no eran detenidas contra su voluntad; estaban ahí por y de acuerdo con su propia voluntad. La agonía que experimentaban era sólo responsabilidad de ellas. Para entrar en el Reino «como un niño», uno debe poseer el corazón puro y sincero de un niño. En otras palabras, hay que tener una disposición abierta, amorosa y alegre hacia la vida y, al mismo tiempo, mantener la creencia de que la vida es un don para compartir generosamente y para celebrar con ardor. Al captar esas palabras de la Biblia, pude entender. Creo que esos versículos en realidad son una llamada para que retornemos a nuestra inocencia divina, a nuestra capacidad de ver la vida a través de los ojos del amor. Para quienes estaban atrapados, sólo la luz interior de la esperanza, la fe y el amor podía disipar las nubes que arrojaban sombras oscuras sobre su exilio autoimpuesto. Dios no los había abandonado. Muy por el contrario, esas almas habían abandonado la fe en sí mismas y en las bondades de la vida. Lo único que necesitaban para liberarse de la atadura de su infernal separación del reino espiritual era una fe renovada y el compromiso de la alegría. Sin una conexión espiritual satisfactoria, lo que les había pasado a ellas podría pasarnos a cualquiera de nosotros.

A pesar de que la sobrecogedora intuición me produjo una sensación de alivio, continué estando mortificado durante las noches en desvelo, que pasaba cavilando sobre aquel lugar azul-grisáceo. ¿Cómo era posible que existiera? ¿Qué hacía que tal lugar fuera factible en la jerarquía espiritual? No podía dejar de pensar en ello. Cuanto más meditaba en la cuestión, más indignado me sentía ante el activo papel que nuestros gobiernos, instituciones y religiones habían desempeñado en la bancarrota espiritual de Estados Unidos. Dado su fracaso para inspirar una fe viva en un sistema equitativo y justo que nos proteja y guíe cuando abandonemos este mundo, todos hemos sufrido inmensamente. Como nación, hemos permitido de manera inconsciente que ese programa carente de alma se confabulara y actuara en contra nuestra, para desconectarnos efectivamente del destino eterno. Como desafortunado resultado, la gran mayoría de nosotros pasa toda la vida tratando de evitar lo inevitable. O esperamos, con el último aliento, que de algún modo la muerte nos pase por alto. En el Cielo me mostraron el papel esencial que desempeña la muerte. Es una faceta invalorable de lo eterno y esa verdad necesita ser inculcada desde la niñez como una creencia central, enseñada como parte de nuestra educación, exactamente como el abecedario o las tablas de multiplicar. Según mi parecer, la muerte fue concebida por Dios para ser la orientadora de la vida.

Por tanto, la muerte tendría que llegar a ser una de las conversaciones obligadas de la vida. ¿Sabíais que el 72 % de las familias que viven en Estados Unidos jamás habla de la muerte, a menos que pierda a uno de sus miembros? Es una barbaridad. Es la negación total. Tenemos que empezar a conversar sobre ella. Tal vez, si lo hacemos, podríamos ayudar a liberar a esas almas atrapadas en el espacio azul-grisáceo. Cuando menos, podríamos contribuir a que disminuya el número de almas que pasa un tiempo allí.

El último pensamiento que necesito compartir con vosotros también es aterrador, pero me veo forzado a contároslo. Luego de la prolongada estadía en el lugar azul-grisáceo, me di cuenta de que, si el número de almas allí presentes continuaba creciendo en la misma proporción, en las próximas dos décadas tendremos en la otra vida un desastre muy serio entre manos. Ya he dicho que ese lugar está repleto con millones de almas. Un millón más puede crear una situación de bloqueo crítico. Llegado ese momento, podrían suceder una o dos cosas: ya sea que las almas instaladas en el lugar azul-grisáceo se escurran de regreso a este mundo trayendo con ellas su tremendo sufrimiento y su horror, ya sea que las almas que abandonan este mundo sean incapaces de pasar por el túnel y llegar a la luz. Cualquiera de las alternativas que se contemple, ¡el panorama es aterrador! Para ser honesto, creo que el goteo desde el otro mundo ya empezó a verterse sobre nuestra realidad. Eso se ha confirmado en los recientes informes a propósito del aumento del 700 % de exorcismos llevados a cabo por sacerdotes católicos a lo largo de los años noventa. El suicidio de adolescentes también ha ido en aumento. El apego psíquico de las almas oscuras podría ser una posible explicación de esta tendencia depresiva y autodestructiva en el comportamiento adolescente. Debido a su falta de identidad y de confianza en sí mismos —que, a menudo, los lleva a experimentar con drogas y alcohol— son los más vulnerables y susceptibles al apego y las posesiones materiales.

Para los seres desencarnados que vagan desesperados entre ambos mundos, la vida es una lucha sin alegría. Ese grupo variado de almas está unido espiritualmente por una visión deprimente de la vida. Hacen gala de cinismo, apatía y de una sensación de haber sido traicionados, al tiempo que se niegan a hacerse responsables de su propia felicidad. En algún punto, durante el curso de su presencia física en la Tierra, tomaron la decisión de abandonar la pasión por vivir y de rechazar la búsqueda de una identidad espiritual que los perfeccionase. De uno u otro modo, cada uno de ellos dejó de vivir mucho antes de haber muerto. Paradójicamente, aun en la muerte rechazan el don de la vida. No dudo de que esas almas atrapadas sean responsables de los descarríos y de las apariciones espectrales sobre las que se ha escrito durante siglos. Encadenadas en espíritu a la destructividad de la posición negativa que han adoptado, repiten una y otra vez los patrones de su vida pasada en ruta hacia ninguna parte. Sin embargo, me rompen el corazón. Si sólo fueran capaces, con unos pocos pensamientos leales y optimistas, de centrarse en la dirección correcta, podrían cambiar ese estado de vacuidad por una verdadera paz en la luz. Si es que hay una lección del Cielo que podéis al menos aprender de memoria, que sea ésta: nuestros pensamientos crean nuestras actitudes y de ambos depende la calidad de vida que experimentamos, tanto aquí como en el Más Allá.

Afortunadamente para mí, la visita al lugar azul-grisáceo fue corta, pero lo bastante larga como para entender la cuestión. Yo había sido demorado allí por una razón. Buscando mi alma, pronto me di cuenta de que yo también me encontraba atrapado en mis propias actitudes cínicas y apáticas. Comprendí que, de no cambiar, lo que estaba viendo era un panorama velado de mi propio destino. Desde hacía mucho tiempo había racionalizado mi actitud. Con todo lo que había visto en mi vida, creía que me había ganado el derecho a ser escéptico, desconfiado e impertinente. Pero lo cierto es que estaba equivocado.

Si podía gozar del placer de deambular por el universo y de la emoción de buscar en el Cielo, ése era yo. De ningún modo podía librarme de la responsabilidad de mi propia alegría espiritual o de vivir con entusiasmo, curiosidad y franqueza. Los patrones recurrentes de la vida indudablemente pueden actuar como hipnóticos y, en consecuencia, yo había caído en el trance del hombre trabajador, y ahí había dejado de apreciar lo más evidente. Había permitido que el mundo temporal tiñese mi mente y endureciera mi corazón, mientras mi realidad eterna oportunamente se escapaba de mi mente.

La tercera experiencia de casi muerte fue, por lejos, la más seria y, al mismo tiempo, la más esclarecedora de todas. Me di cuenta, por primera vez, de que no necesariamente abandonamos este lado de la vida ni terminamos en la gloria del Cielo, como ángeles de luz infinita. En mis experiencias previas, había sido conducido directamente en presencia de la divinidad. Me habían mostrado el futuro y el papel que yo iba a desempeñar en él, antes de que me mandaran de regreso a la Tierra. Pero en mi tercera visita al Cielo, aprendí que, cuando abandonamos este lado de la vida para siempre, nos llevamos la vida al otro lado con los mismos problemas y actitudes para trabajar sobre ellos. Nuestra búsqueda de la perfección espiritual es un proceso continuo, tanto aquí como en el Más Allá. Lo que dejamos de este lado sin terminar, lo terminaremos allá. En consecuencia, eso debe servirnos para vivir de un modo que honre el don de la vida que se nos ha otorgado.

Hoy en día, no pasa un solo momento sin que yo sea consciente del valor inapreciable de la vida. Fui llamado a despertarme en términos personales y muy apremiantes, al ver exactamente dónde me encontraría si me negaba a vivir aferrado a la luz. Asimismo, una vez que observé la denigrante realidad de estar atrapado entre ambos mundos, tuve la oportunidad de volver y de deciros todo lo que se me había mostrado. Desde lo profundo de mi corazón, ruego que aprendáis de mi experiencia y que creáis, por vosotros mismos, el tipo de realidad amorosa que impulsa la magnificencia y la divinidad del don que llamamos vida.

PARTE II

EL CUÁDRUPLE CAMINO AL PODER

DIEZ

Y ahora, el resto de la historia

> Nunca he visto un monumento erigido a un pesimista.
>
> PAUL HARVEY

Por las dudas de que el último capítulo os haya asustado con la muerte, permitidme agregarle algo de vida a todo esto. Mi principal interés en las páginas que restan será enseñaros cómo no tener miedo a lo que he compartido con vosotros. De hecho, os enseñaré a sacarle provecho. Si hay algo que sé de veras, es que los acontecimientos más horribles pueden convertirse en algo realmente maravilloso. Esos acontecimientos pueden servir como catalizadores de grandes cambios en nuestra manera de entender la vida y como herramientas de enseñanza para ayudar a los demás.

Tuve que pasar por dos rayos, una cirugía a corazón abierto y una operación de cerebro para ver que yo debía aportarle al mundo algo más que una mala actitud. M madre siempre decía que yo era un tanto especial. Supongo que eso significaba que ella sabía, antes que yo, que el único modo que tenía de aprender mis lecciones en la vida era por las malas. Para ser honesto, no creo haber comenzado a aprender realmente ninguna de las lecciones que me brindaron hasta después de la operación de 1997. Antes de eso, cada vez que recibía una bofetada en el rostro con algún acontecimiento catastrófico de la vida, en lugar de ser más inteligente, me limitaba a volverme loco. Ni siquiera *loco* es la palabra adecuada. En realidad, me enfurecía. Y cuanto más furioso me ponía, mayores desafíos atraía, más difíciles y amenazantes que los anteriores. Sin duda, yo era la prueba viviente de ese principio que dice «Lo que resiste persiste». Me resistía al crecimiento personal y espiritual, y el universo persistía en sus esfuerzos por enseñarme a pesar de mí mismo.

Me gustaría que pudierais beneficiaros de todo lo que aprendí, sin tener que atravesar lo que mi terquedad me forzó a pasar. Como ya he dicho, la operación de 1997 me puso de rodillas, forzándome a poner al día lo que siempre he llamado mis sistemas automatizados. Cuando por fin concluí la tarea, el resultado me permitió considerar la vida desde un punto de vista más espontáneo y espiritual; los cambios más asombrosos empezaron a tener lugar ante mis propios ojos. Por primera vez, me permití hacerme a la vela en las aguas de lo místico. Con entusiasmo, acepté la vida, no para mis propios fines, sino más bien acatando la voluntad del Cielo.

Antes de eso, las experiencias de casi muerte me habían servido para tomar conciencia del resentimiento que albergaba en mi interior. Ese resentimiento siempre había estado justo debajo de la superficie de mi fachada sociable. En verdad, sentía como si toda la experiencia con el rayo en última instancia me hubiese robado mi identidad. Anhelaba volver a ser la persona que había sido antes. Quería hacer exactamente lo que yo quería, y cuando quería hacerlo. Me lamentaba por haber perdido mi sentido de autonomía. Como consecuencia espiritual de haber contemplado la vida después de la muerte, se esperaba —si no es que se exigía— que yo fuera alguien que nunca había deseado ser. Cuando mi notoriedad pública fue en aumento después de escribir mi primer libro, mi frustración se intensificó. Sentía la presión de tener que interpretar a esa otra persona, alguien extraño a mi yo natural. Intuía un mensaje subliminal en los que me rodeaban: la expectativa de que yo fuera un santo o alguien tan angelical como mis anfitriones en el Cielo. De diversas formas, observé que mi personalidad básica quedaba erradicada en favor de lo que otros necesitaban de mí. Es inútil decir que aquello no me gustaba.

Igualmente desconcertantes me resultaban mis habilidades psíquicas, siempre en aumento. A menudo pensaba que esas destrezas eran una maldición disfrazada de bendición. El doctor William Roll, un amigo estimado y un renombrado parapsicólogo, me explicó después que, tras haber roto el velo entre los dos mundos, me era imposible decir dónde terminaba yo y dónde empezaban los demás. Imaginaos lo que es vivir en un estado permanente de falta de límites. Eso se traducía en una desdichada situación de aturdimiento psicológico, que me provocaba un estrés desmedido. No cabía ninguna opción, yo tenía que arreglármelas como pudiera. Los Seres de Luz me habían puesto en un camino que exigía un gran valor y que ciertamente prometía llevarme a nuevas cimas de compasión, principios y honradez. Sin embargo, en aquella época, ésas no eran virtudes que me interesaran en especial. Ahora, cuando sufro el otro lado de mi yo, puedo detectar las distintas maneras en que mi yo interior manipuló mi llegada a ese nivel de madurez espiritual al que estaba predestinado. De modo que, si tenéis que enfrentaros a ese mismo dilema, seguid mi consejo: adelante con ello y cuanto más rápido, mejor. Creedme, no importa adónde corráis, ¡cada paso os conducirá de vuelta hacia vosotros mismos!

Cuando fui capaz de dejar de sentirme una víctima del dolor y el sufrimiento de la vida, me fortalecí física y espiritualmente. Cambiar la sensación de autocompasión por una auténtica gratitud por lo que la vida me ofrecía aceleró mi crecimiento espiritual. En *Un curso de milagros* se nos dice que un milagro es nada más que un cambio en nuestra percepción. Hacer la elección consciente de responderle a la vida en lugar de reaccionar contra ésta hizo nacer en mí un equilibrio interior que nunca antes había conocido. Cada vez con mayor frecuencia, elegí contemplar las situaciones a través de la lente del amor, oponiéndome así a la perspectiva, fría como el acero, que me ofrecía mi anterior cinismo.

No penséis ni por un instante que ese proceso de transformación me resultó fácil. No lo fue. Durante un buen tiempo, daba un paso adelante y alrededor de cinco para atrás. Al cabo de tres experiencias de casi muerte, lo más importante en mi vida era el compromiso, mi sincero deseo de evolucionar. Estaba decidido a hacerlo. Dada mi mezquina forma de ser en el pasado, siempre había exigido que la vida se acomodara a mis deseos. Seguir la corriente y avanzar a medida que el camino se extendía eran conceptos perturbadores y complicados para mí. Si no tenía el control total de cada detalle de mi vida, me sentía infeliz, mucho más vulnerable y despojado. Sin embargo, a pesar del furioso desasosiego, cada nuevo día me dediqué al proceso de autotransformación.

Una vez que me puse a examinar a fondo mi propia vida, llegué a comprender unas cuantas cosas estimulantes. En primer lugar, percibí que las tareas internas de las transiciones de la vida son espiritualmente bellas, sencillas y estructuradas a la perfección. He podido ver con claridad cómo el proceso de transformación personal se cumple más allá de nuestra fortaleza y debilidad espiritual. No es un sistema externo planteado en oposición a nuestra voluntad personal. Muy al contrario, es una secuencia natural, internamente diseñada para sostenernos de acuerdo con las leyes universales del crecimiento individual. La cooperación consciente con la transformación espiritual es la mejor forma que he encontrado para vivir de manera activa una existencia que merezca la pena y que honre al alma eterna.

Buscando cumplir con los objetivos de mi método de maduración personal, llegué a entender que ciertas concepciones nos ayudan a obtener grandes beneficios a partir de los acontecimientos cotidianos. La adopción e incorporación de esos puntos de vista tienen ahora tal importancia vital, que tal vez sean incluso el equivalente de nuestra supervivencia en el planeta. Basándome en las escenas que contemplé en las Cajas del Conocimiento, estoy convencido de que hacia 2012 la humanidad experimentará transformaciones mentales y espirituales sin precedentes, las cuales coincidirán, precisamente, con el pasaje de la Tierra por una gran conmoción física. Creo que en ese momento tendrá lugar un profundo cambio de conciencia, el cual determinará el escenario para lo que vendrá en los años inmediatamente posteriores.

En ese nuevo estado del ser, tomaremos conciencia de las esferas concomitantes de la vida que hay a nuestro alrededor. Y como parte de esa conciencia, poseeremos el conocimiento de nuestra existencia simultánea dentro de esas realidades multidimensionales. Juro que esto no es tan estrafalario ni tan fantástico como podría sonar. De hecho, con el advenimiento de la mecánica y la física cuánticas, así como con la evolución de la teoría de supercuerdas y con nuestra comprensión de la teoría del caos, lo que estoy describiendo ha formado parte de nuestra realidad cotidiana desde el último cuarto del siglo XX (cuando hicimos que descendieran hombres en la luna e inventamos el ordenador, el teléfono móvil y el DVD). Personalmente, sé que esas dimensiones paralelas son reales porque he sido consciente de existir en ellas desde hace ya varios años. Al principio, mientras me recobraba del rayo, orientarme hacia más de una dimensión resultaba en extremo tedioso y cansado. Ahora, es una parte más de mi realidad diaria. Puedo vincularme o apartarme de esas realidades a voluntad. ¡Depende exclusivamente del humor que tenga ese día!

Sin embargo, antes de que toda la humanidad se eleve a hasta ese grado de conciencia multidimensional abarcadora, es necesario comprender algunos conceptos. No dudo de que tenemos el poder de cambiar el mundo para mejor. Sólo tenemos que ponernos colectivamente de acuerdo sobre los cambios que deseamos ver. Mahatma Gandhi dijo: «Tenemos que convertirnos en el cambio que deseamos ver en el mundo.» De modo que, si todos nosotros nos convirtiésemos en los cambios que colectivamente deseamos, imaginaos qué clase de mundo tendríamos. Pienso todo el tiempo en un mundo sin guerras, un lugar seguro para criar a nuestros hijos, un lugar libre de toda polución ambiental, un lugar donde todos tengan las mismas oportunidades y donde la libertad no pase por alto a nadie. ¿Cómo lograremos esto? ¿Creéis acaso que es posible crear un mundo así? Yo sí lo creo. Las visiones me mostraron que es posible.

Recordad, los Seres de Luz dijeron que la historia no estaba escrita en piedra; tenemos el poder de cambiar el futuro. Por supuesto, son bastante más que unos pocos cambios los que deben hacerse para lograrlo. Hay numerosas organizaciones preocupadas y activas, esperando para ilustrarnos sobre la situación actual de cada problema ecológico, desde nuestros cielos hasta nuestros océanos, así como sobre todas las formas de vida en peligro de extinción que los habitan. Es importante que os pongáis en contacto con una sociedad filantrópica que os resulte confiable y que empleéis una parte de vuestro tiempo semanal como voluntarios, para ayudaros a vosotros mismos y a una causa en la que creáis. Además, volveos vegetarianos y aprended todo lo que podáis sobre la vida sustentable.

Mi compromiso personal es para con todas las iniciativas necesarias para poner en marcha un proceso dinámico de esclarecimiento sobre una base global: llamo a esto sustentabilidad espiritual. He conocido el punto de vista de los Seres de Luz respecto del correcto comportamiento que se espera de nosotros en tanto reflejos humanos de la magnificencia espiritual. En resumidas cuentas, se aguarda que la humanidad en general haga todo lo que a mí, personalmente, me pareció tan difícil de hacer (como ser coherentemente considerado, amable y cariñoso). Durante buena parte de mi vida, todo eso me parecía una gran pérdida de mi precioso tiempo. Según mi antiguo modo de pensar, era mucho más fácil apartar a alguien de un golpe que perder el tiempo pidiéndole con amabilidad que saliera de mi camino. Pero tarde o temprano, la sabiduría tiene un modo de imponerse incluso sobre los imbéciles más tercos e irreflexivos entre nosotros.

Tras pasar más de treinta años como voluntario de residencias, he sido testigo presencial del dolor y de traumas enormes, así como de la aflicción que queda como compañera omnipresente en el proceso de la muerte humana. En ese contexto, he encontrado mi poder y mis metas espirituales. Poniendo en práctica la sabiduría y la compasión que allí he aprendido, os invito a explorar conmigo los caminos que debemos preparar para los años (y la vida) que tenemos por delante. Teniendo firmemente en su lugar las herramientas apropiadas para la comprensión espiritual, juntos podremos sobrellevar sin peligro el maremoto de violencia que amenaza con tragarnos rápidamente. La Biblia dice, en el Libro de Oseas: «Mi pueblo fue destruido porque le faltó el conocimiento.» Miles de años atrás, eso fue totalmente cierto. Pero hoy ya no hay excusa para ello. No en nuestra época moderna y de alta tecnología, cuando muchos tenemos acceso a un conocimiento inabarcable con apenas unos pocos clics en el ratón de nuestro ordenador. El conocimiento que he recabado como resultado de mi estadía en el Cielo está mejor expresado en el Cuádruple Camino al Poder:

El Poder del Amor
El Poder de la Creencia
El Poder de la Elección
El Poder de la Oración.

ONCE

El Poder del Amor

> Es el amor, no la razón, lo que es más fuerte que la muerte.
>
> Thomas Mann

En un esfuerzo por definir el amor con mayor precisión, recurrí a mi fiel diccionario. La primera definición decía: «El amor es un afecto profundamente apasionado y tierno por otra persona.» Al considerarlo en su contexto adecuado, eso me sonó bastante bien. Pero debo deciros que, desde que había visitado el otro lado, sabía que el amor era mucho más que una mera pasión o que un afecto. Yo había contemplado el amor como la fuerza más poderosa del universo. En el Cielo, el amor no es un sentimiento personal; tampoco se trata de un sentimiento romántico ni de una emoción tierna. A lo largo de mi viaje al Más Allá, pude ver en persona que el amor es una energía divina y viviente, de incomparable poder y magnificencia. De hecho, para quienes tenemos forma humana, el amor es nuestro verdadero estado de ser.

Provisto de semejante experiencia personal, busqué en el diccionario para ver si era posible encontrar cualquier otra definición que tuviera el más leve parecido con el amor divino que había contemplado en el Cielo. Pero entonces llegué a la conclusión de que el amor es una energía tan expansiva, tan omnipotente y omnipresente que sólo puede ser descrita como una fuerza poderosa y profunda, que prácticamente desafía su definición.

Los antiguos griegos tenían tres palabras para expresar las diferentes facetas del amor: *eros, filia* y *agape*. Eros es la palabra que los griegos empleaban para describir la naturaleza sensual del amor romántico. Las amistades de naturaleza romántica se describían como filia. Y luego estaba el ágape, el amor exaltado por Dios. La demostración del ágape era rara entre los humanos, porque expresaba el amor dado a través del autosacrificio y la pureza espiritual.

A la luz de mis investigaciones, llegué a la conclusión de que no hay palabra en los idiomas corrientes que pueda expresar apropiadamente la eterna perfección del amor divino. Además, con los incontables volúmenes escritos a lo largo de los siglos para definir el significado y el propósito del amor, es posible que nunca se pueda escribir nada que transmita el alcance y la infinita influencia de ese poder invencible. El amor divino incondicional no es algo que podamos formular o simular y acopiar. Es la fuerza que se mueve sin esfuerzo por todo el universo y a través de cada uno de nosotros, cuando nos permitimos ser canales abiertos para su expresión divina. He visto que el amor del Espíritu Santo es el lugar donde «moramos y nos movemos y tenemos nuestro ser» (Actas 17:28).

Ahora bien, ése es el amor tal como se manifiesta en el Cielo. Aquí, en la Tierra, el amor se percibe, traduce y expresa de muy distintas formas. Todos hemos conocido un amor que fue sin duda más que maravilloso. Pero, en otros aspectos, el amor tuvo distintos grados de impacto sobre nuestras vidas. Por ejemplo, amamos a la Iglesia, aunque los sacerdotes abusen de nosotros. Dedicamos nuestro amor a la familia y ésta nos utiliza. Elegimos dar nuestro corazón a ese alguien especial para que después nos traicione. Estas penosas situaciones tienen lugar por acción del amor porque nosotros, en tanto Espíritu en forma, no mantenemos nuestro estado de conexión espiritual con las más altas esferas del amor perfecto, tal como éste existe en el Cielo.

Tras ver el amor desde el otro lado de la vida, sé que éste es un poder. Y jamás debemos olvidarnos de esto, porque el poder del amor es la clave por la cual podemos distinguir la naturaleza espiritual de todas las cosas. La etapa superior de esta noción es la certeza de que, cuando uno ama y admira algo que encuentra en otra persona, en realidad descubre algo ya existente en uno mismo: algo profundamente valioso de nuestro amor y admiración. Constantemente estamos buscando dar y recibir amor, de modo que podríamos identificarnos con él y posiblemente trasladarnos a ese lugar muy especial que llamamos lo sagrado. El amor es la esencia divina en el interior, que busca expresión en el exterior. Es la sagrada emanación del Espíritu Santo, que fluye a través del universo para animar nuestra carne y para darles a nuestras vidas físicas un propósito espiritual.

Lo único que creo tan importante y potencialmente poderoso como el amor es la risa. Reírse en compañía de otro —no burlándose, sino en tanto vinculación emocional— es la quintaesencia del amor compartido. La risa manifiesta lo divino en un momento de mutua conexión íntima. Reírse en compañía de otro es crear un nivel energético de unicidad armoniosa, permitiéndonos así aceptar el amor que ya existe en nuestro interior. Cuando nos reímos con alguien, somos divinos. Repetidamente en la Biblia se nos recuerda que debemos ser de natural alegres. Porque, cuando mantenemos una naturaleza alegre, fortalecemos nuestro estado en sintonía con la alegría infinita del Espíritu Santo. Esto, a su vez, abre de par en par las puertas de nuestra espiritualidad para recibir el flujo de amor ilimitado.

Mi querido amigo Michael Bernard Beckwith, fundador de Agape International Spiritual Center, dice: «Cuando estamos de buen ánimo, somos uno con nuestra alma eterna.» Todo lo que es vida se construye mediante nuestro permiso y colaboración para aprender sus lecciones. Cuando estamos receptivos, cariñosos y de buen humor, las lecciones de la vida dejan de resultarnos decepcionantes. La cuestión es no quedarnos con nuestras decepciones y traspiés. En lugar de ello, tenemos que estar decididos a volvernos más fuertes y más compasivos a partir de esas experiencias. Consecuentemente, debemos sobreponernos y abandonar la necesidad de repetir esas conductas. Por ello, las lecciones vitales que mayores desafíos entrañan no deben ser consideradas en modo alguno como castigos, errores o fracasos. En realidad, con amor y buen humor en nuestros espíritus y en nuestros corazones, cosas tales como la confusión, la duda, la preocupación, el miedo y la infelicidad ya no han de ser parte de nuestra experiencia cotidiana. Porque cuando vivimos en un estado siempre consciente de amor y buena disposición, en verdad operamos para la mente divina. En ese lugar santo, la confusión, la duda, la preocupación y el miedo no existen ni pueden existir.

En la Biblia se nos aconseja: «Adquirid sabiduría, adquirid comprensión.» Comprender profundamente y aplicar el poder del amor, combinando la protección espiritual del buen ánimo, es lo más inteligente que podemos hacer por nosotros mismos. Cuando nos entregamos a la alegría y vivimos en la esperanza de la bondad, el mundo se vuelve un reflejo bello de esas cualidades. Dedicarnos a ser la expresión del amor y del buen ánimo en todo lo que hacemos nos garantiza que nuestras vidas sean la imagen directa del Cielo sobre la Tierra. Nuestro amor por los otros, puesto en acción momento a momento, y empleado para el mayor de todos los bienes, es seguramente nuestro camino sagrado sobre la Tierra. Cada uno de nosotros tiene una misión única que cumplir en la vida. Esa misión se predica solamente a través de los dones y talentos que elegimos dominar, en beneficio de la humanidad, en servicio leal al Espíritu. No obstante, en todas las instancias, sin importar cuán inmediata o lejana pueda ser nuestra meta, el amor es el camino inquebrantable que conduce a su realización espiritual. El amor es el poder omnipresente y siempre dispuesto para llevar a cabo los hechos milagrosos e inexplicables destinados a acontecer a lo largo del camino hacia nuestro éxito.

Lao Tsé, el gran teósofo chino y autor del *Tao Te Ching*,

dijo hace más de dos mil quinientos años: «El único modo de hacer es ser.» Por consiguiente, creo que el único modo de crear amor es ser conscientemente amor. Si tiene que haber paz en la Tierra, ésta debe comenzar como una semilla que se enraíce dentro de cada uno de nuestros corazones. Tenemos que llegar a ser los obedientes emisarios espirituales de la armonía celestial que, voluntariamente, nos hemos ofrecido a ser cuando llegamos aquí. Lo único que debemos hacer es reconocer nuestra esencia como amor y emplearla diligentemente para iniciar el cambio. Juntos podemos cambiar este mundo que es hoy un paradigma del miedo, en un paraíso de paz. Contamos con el poder transformador de nuestros pensamientos para cambiar el mundo. Ahora podemos imaginarnos a nosotros mismos o bien luchando por sobrevivir en una era de incertidumbre, o bien prosperando en una era de triunfo.

Las concepciones que adoptemos, junto con los resultados que experimentemos, son sencillamente una cuestión de libre albedrío. La victoria, al igual que la pobreza o el aburrimiento, es a menudo un estado mental elegido. Un hombre con millones de dólares en el banco puede vivir en la más abyecta pobreza, sin un solo amigo ni un mínimo de pasión por su propia vida. Sin embargo, podemos elegir cambiar nuestras mentes y, en consecuencia, modificar nuestra realidad, cada vez que lo deseemos. Por lo tanto, es imperativo elegir nuestros pensamientos con gran cuidado. Ahora más que nunca importa que seamos conscientes de los pensamientos que nos permitimos tener. El amor crea más amor. Los pensamientos amorosos crean un mundo más amoroso. Todos somos parte de un equipo de guerreros voluntarios enredados en una batalla feroz por las almas de toda la humanidad. Diariamente se emprenden batallas en el nombre de lo que es correcto, honorable y verdadero. La rectitud es el uso correcto de nuestros dones espirituales: la vida y el amor. Porque en la vida, el uso correcto del amor es nuestro destino eterno.

Resulta curioso, pero ahora puedo acordarme de cuando años atrás mi madre me recordaba repetidamente que, según ella creía, el verdadero amor consistía en mucho sufrimiento. Hasta ser bastante mayor, nunca entendí bien por qué me repetía eso una y otra vez. Mirando hacia atrás, hoy puedo verlo con toda claridad: toda persona que alguna vez me quiso tuvo que pasar, durante largos períodos, por mucho sufrimiento. Por supuesto, en la actualidad lo lamento. Pero tuve que recorrer mi propio camino, aprendiendo mis lecciones únicas, exactamente como cada uno de mis acompañantes. Con sinceridad, creo que esos días de mucho sufrimiento por fin se terminaron. Debido a la presencia en mi vida personal de un amor profundamente comprometido, mi capacidad de dar y recibir amor en todos los niveles ha madurado enormemente. También he aprendido que lo divino nos vincula y nos conecta en una gran esperanza. Cuando demos algo que poseamos, recibiremos a su vez algo que no poseamos. Se dice que es mucho mejor dar que recibir. Y eso mismo ocurre con el amor.

Me entrego más sinceramente al cuidado del paciente. Cuando me siento al lado de personas que están en los últimos días de su vida, descubro que mi autoestima revive. Cuando me veo a mí mismo a través de los ojos de mis pacientes, ojos llenos de aprecio y confianza, sé que estoy transmitiéndoles, alto y claro, que son amados. Son amados por el solo hecho de que existen. ¡Sí! ¡Existen y, en consecuencia, Dios los ama! Ese día, el amor de Dios se sienta a su lado. ¡Qué ejemplo exquisito de amor absorto cuando éste vive, respira y se mueve sin esfuerzo a través de mí!

Tal vez las residencias para enfermos desahuciados no signifiquen para vosotros lo que significan para mí, pero es importante que sepáis que allí os están llamando. Cuando decidáis que estáis listos para daros cuenta exactamente de quiénes sois y del poder que posee vuestro amor, os recomiendo calurosamente que brindéis una parte de vuestro tiempo libre, de vuestro amor y ternura para alguien que no tiene absolutamente nada que daros a cambio. Yo soy asimismo un defensor incondicional de tutelar niños. Si las residencias y clínicas no son lo vuestro, os urjo a que seáis tutores de un niño. Compartid vuestros talentos y la sabiduría de vuestro corazón con un niño, quien, gracias a ello, se convertirá en una persona con mayor confianza y optimismo. Del mismo modo que experimento el amor divino ayudando a que la gente se sienta segura cuando abandona este mundo, a través de dar amparo a un niño, también vosotros llegaréis a conocer el tranquilo dominio habitado por vuestra soberanía espiritual. Ése es el lugar regio, donde podréis observar la presencia de la pura divinidad.

A pesar de que, en las relaciones interpersonales el amor entraña la posibilidad de quedar lastimado en nuestros sentimientos, el secreto del poder del amor reside en la gran fuerza que alberga. El amor no es para debiluchos. Aceptar la energía divina requiere un tremendo valor. Cada uno de nosotros actúa como un receptor de divinidad ilimitada dentro de los confines de nuestra existencia física. Y es tiempo de que todos seamos conscientes de esta verdad. También es tiempo de que comencemos a vivir nuestras vidas como si la vida sobre la Tierra dependiera de cada uno de nosotros. ¡Porque efectivamente depende de nosotros! Y depende de nuestra comprensión de la naturaleza que todo lo abarca y de la función dinámica del amor.

Por favor, creedme, el amor modela y mantiene unido al universo. Mantiene suspendidos en su lugar a los planetas y hace que nuestro mundo gire sobre su eje. En las Ciudades de Cristal, contemplé el amor como una esencia floreciente, palpitante y radiante. La ciencia llama a eso materia oscura. Considerad el átomo. Es la piedra angular del universo, aunque en un 94,6 % es espacio vacío. El espacio vacío es materia oscura, y los físicos cuánticos sostienen que el universo se suspende sobre ella. De modo que, por un breve instante, imaginad que el universo, completo, con sus billones de estrellas y planetas, está pintado sobre una tela. Imaginad ahora que esa tela es el poder viviente al que llamamos amor. Bien, ¿podéis adivinar? Nosotros tenemos la misma constitución molecular que ese amor. Y darlo es lo único que tenemos que hacer para permanecer en perfecta sintonía con ese poder vivo. Cuanto más amamos, más capaces de amar somos.

La respiración profunda y consciente es la mejor manera de centrarnos en el corazón del amor. Al tomarnos un tiempo cada día para practicar ejercicios de respiración profunda, aumentamos la armonización con nuestro centro espiritual. Más aún, la meditación es obligatoria para descubrir la paz divina que reside en nuestros pensamientos. La conexión con la paz divina es crucial para llegar a estar conscientemente unidos a nuestro yo más alto. A partir de ese estado unificado de ser, nuestra fuerza vital se amplifica hasta que se vuelve capaz de cargar positivamente las sutiles redes de energía que rodean el planeta. Cuando las redes se cargan, aumentan su capacidad para recibir energías celestiales más altas a fin de facilitar la iluminación global. La verdad es siempre sencilla: lo único que debemos hacer para dar comienzo a una reacción en cadena del amor es instituir un régimen diario que incluya la respiración consciente y la meditación. ¡Es algo tan fácil que ni siquiera yo me puedo olvidar de hacerlo!

La gratitud es otro componente vital en esta mezcla. Cada día debemos tomarnos un momento para pensar en las cosas positivas que hemos hecho. Vivir en un estado de gratitud constante es una razón más por la que estar agradecido. El amor y la gratitud mezclados componen la armonía clave de la vida, que puede sincopar el corazón y el alma colectivos de toda la humanidad en un ritmo hipnótico de euforia espiritual. Las plegarias de gratitud también tienen que formar parte de nuestras prácticas espirituales diarias. Esos rezos son nuestra primera línea de defensa contra el cambio negativo, no simplemente algo ante lo que nos postramos como un último recurso desesperado. El universo está en un estado constante de autocorrección para mantener el equilibrio. Si ofrecemos plegarias de gratitud y reconocimiento cada día, daremos una ayuda inmensa a que el universo mantenga su equilibrio. Asimismo, los pensamientos positivos son altamente efectivos para mantener el equilibrio, porque atraen la energía positiva necesaria para mejorar nuestras vidas.

Afirmar mentalmente el bien en toda situación es un modo eficaz de encaminarse hacia un resultado perfecto. Una afirmación de amor o de gratitud repetida a lo largo del día prepara nuestro cuerpo y nuestra alma para recibir sin esfuerzo los dones del Espíritu Divino. Es una parte esencial de nuestro trabajo espiritual.

A través de las plegarias, le hablamos al Espíritu; mediante la meditación, escuchamos; y a través de los pensamientos positivos, creamos un medio por el cual podemos recibir con mayor facilidad energías inspiradoras de abundancia y belleza.

¿Acaso la mayoría de nosotros no quiere vivir en un mundo en el que reinen el esplendor, la compasión y el equilibrio? ¿No queremos acaso restablecer un sistema universal que honre el valor inapreciable de toda vida? ¿Acaso no soñamos con recuperar la magia en el vivir que abarque la esencia espiritual de nuestro yo físico? Sé que tales sueños son posibles. El amor está vivo, ¿entendéis? Y el amor no es sólo nuestra esperanza de futuro; es nuestro destino. Es el Espíritu Santo en acción. *Un curso de milagros* nos dice: «Hay sólo uno de nosotros aquí.» En otras palabras, todos somos uno. Si creemos que esto es cierto, entonces ese poder y esa presencia vienen con el camino, la verdad y la luz. Por el bien de toda nuestra familia global, de ahora en adelante dediquémonos con integridad espiritual a la responsabilidad divina de vivir con el amor divino y ser conscientes de él.

DOCE

El Poder de la Elección

> No es una cuestión de poder o no; es una cuestión de querer o no. Todo es una elección; elegid sabiamente.
>
> Ed Hillenbrand

La vida es cuestión de elección. Todo lo que ponemos de manifiesto en nuestras vidas diarias es el resultado directo de nuestras elecciones en el tránsito desde una experiencia a la siguiente. Cada elección automáticamente crea una consecuencia; por tanto, nuestras elecciones tienen que ser hechas a partir de una mirada consciente, en profundidad, a todas las opciones de que disponemos. Sin embargo, no olvidemos que incluso nuestras concepciones se originan a raíz de nuestras elecciones conscientes. Es necesaria por tanto una gran ponderación, porque las principales elecciones que hacemos en nuestras vidas conllevan una responsabilidad tremenda. Nuestra calidad de vida se manifiesta a partir de nuestras elecciones. La vida de los demás se ve influida por nuestras elecciones, tanto para lo mejor como para lo peor. En suma, somos las elecciones que hacemos en la vida.

Aprendí todo esto por ser el responsable de malas elecciones. Para mí, no siempre fue fácil hacer buenas elecciones. Antes de mi primera experiencia de casi muerte, raramente —o nunca— consideraba las consecuencias de mi comportamiento antes de actuar. Mi filosofía era: mejor pedir perdón que permiso. Pero los dos repasos panorámicos de mi vida me permitieron tener un nuevo punto de vista. En el Cielo aprendí que tenemos la responsabilidad humana de ser espirituales en la naturaleza, y la responsabilidad espiritual de ser humanos. En el preciso cruce de estas dos realidades es donde aparece en la superficie de nuestras vidas el componente del libre albedrío para otorgarnos el privilegio de la elección.

En una de estas dimensiones, los seres espirituales tienen una experiencia humana y se les ha dado la libertad para construir, modificar y rediseñar la realidad, basándose únicamente en sus preferencias. Pero la realización de esa elección es un desafío serio, que exige de nosotros gran paciencia y sabiduría. También exige tener una visión clara de nuestra decisión. La claridad es vital, si queremos emplear el poder de elección de un modo que garantice buenos resultados para todos. Ya sea que nuestro objetivo apunte a la salvación del mundo —como en el caso de los valientes esfuerzos de la Madre Teresa—, o simplemente a la felicidad personal, durante el repaso panorámico de la vida veremos claramente las verdaderas intenciones que hay detrás de nuestras elecciones. Nos reconoceremos como seres espirituales que intentan crear oportunidades para el crecimiento óptimo del alma. Afortunadamente, la consecuencia secundaria de ese crecimiento es un mundo mejor, más seguro y pleno de amor.

Ser capaces de elegir para seguir contentos y optimistas en el nuevo milenio no es nada fácil. Con todo, nuestro mayor interés es pelear audazmente en esa dirección, a pesar del bombardeo de negatividad con el que nos fuerzan a ensuciarnos cada día. La televisión, la radio e internet propagan todo el tiempo las mismas malas noticias sobre las condiciones terribles en las que está sumido el mundo. A menos que elijamos encontrar una manera de neutralizar esto, corremos el riesgo de quedar apresados en el despliegue opresivo que hacen los medios de comunicación de una atrocidad humana tras otra. Las guerras y los rumores de guerra abundan por doquier. Asediados por una cultura de violencia y agitación, tenemos que elegir conscientemente no quedar atrapados en la alharaca publicitaria de la desesperanza. Debemos mantenernos firmes en nuestra convicción de que la vida es una oportunidad gozosa para experimentar su grandioso asombro y aventura. Elegir estar feliz en un mundo pleno de tristeza tampoco es fácil. No obstante, es nuestro camino más seguro a la victoria. Tenemos que tener el ojo puesto en el modo que queremos que sean las cosas, en los cambios que es necesario hacer, y no en la miseria ni en las condiciones penosas que deseamos erradicar.

Jamás se dijo que la vida tuviera que ser un combate. No importa cuántas peleas globales presenciamos en los noticieros nocturnos, ya que ése no es el destino de la humanidad. No podemos hallar soluciones a los males de nuestro mundo si elegimos ser parte del problema. Cuando nos mostramos indiferentes o rencorosos, cuando juzgamos y nos permitimos pensamientos de violencia, nos convertimos en parte del problema. Elegir ser puros de corazón y permanecer fieles a la causa de la rectitud son componentes de la misión divina de cada uno de nosotros. Mantenerse firmes en la promesa de bondad y en los principios de la verdad frente a la adversidad, ése es el camino sagrado del héroe espiritual. Al dársenos el poder de elección, también se nos ha dado el don de la imaginación. La aplicación consciente y constante de esta potente combinación garantiza que nos convirtamos en amos de nuestro destino. Cuando ejercitamos nuestro poder de elección por medio de la magia de la imaginación, perfeccionamos nuestra capacidad como únicos arquitectos del mundo personal que deseamos diseñar. Nuestras vidas serán tan bellas y estarán tan colmadas como elijamos nosotros.

Este principio opera en muchas dimensiones a la vez. Cuando nos enfrentamos con algo tan sencillo como qué elegir para ponernos en un día particular y por qué elegimos ponernos determinada prenda, la pregunta más importante es la que se refiere al *por qué*. Y esto tiene que ser así porque la razón por la que hacemos algo es mucho más importante que el acto mismo. La intención que nos motiva a entrar en acción determina la efectividad espiritual de la propia acción. No estoy diciendo aquí que el fin justifica los medios. Estoy abordando el tema desde el terreno moral y espiritual más alto.

Cuando la intención es pura —es decir, cuando se realiza sin intención de dañar a nadie—, siempre se medirá antes el resultado de una acción. Se ha dicho que un alma de carácter divino considera cuidadosamente los resultados de todas las acciones antes de llevarlas a cabo. Como seres espirituales corporizados en una forma física, todos poseemos un carácter divino y tenemos la posibilidad de elegir, si lo llevamos a la práctica en la vida diaria. La habilidad de residir en la conciencia de la divinidad, que es donde ese carácter se exhibe abiertamente, es el verdadero indicio de un alma evolucionada. Cada uno de nosotros en el mundo de hoy tiene la capacidad de residir en la conciencia divina. Una vez más, es una cuestión de elección. La vida es una actividad creativa. En otras palabras, vuestra vida está en un perpetuo estado de autocreación.

Yo he sido testigo de que todo puede cambiar a una velocidad todavía mayor en los próximos cuatro o cinco años. Todos conocemos internet y sabemos cuán rápidamente las cosas se transmiten a través del ciberespacio. Desde las transferencias de dinero hasta el conocimiento tecnológico, todo cambia a una gran velocidad. Hoy más que nunca, la expresión «conocer es poder» suena cierta. Debido a la velocidad sin precedentes en la transferencia de conocimientos, cada elección que hacemos ahora está lista para su aplicación inmediata. Nuestra imaginación y percepción manifiestan nuestra realidad. Lo que elegimos creer se convierte en el espejo de nuestra existencia. Equipar el poder de nuestra imaginación se convierte entonces en una fuerza rectora, ofreciéndonos la capacidad de elevarnos por encima de los acontecimientos cotidianos que parecen controlar nuestra vida.

En consecuencia, nuestra experiencia de vida está sólo limitada por las fronteras que le ponemos a nuestra imaginación. Esto nos lleva de vuelta al punto inicial: ser responsables. Como bien sabemos, hay que tener cuidado con lo que se desea, porque uno puede obtenerlo; o mejor aún, ten cuidado con lo que tu imaginación elige creer porque lo crearás. Richard Bach lo dijo de manera elocuente en su obra maestra *Ilusiones*: «Imagina un universo bello, justo y perfecto. Entonces ten por seguro una cosa: el Ser lo ha imaginado bastante mejor que tú.»

Mientras avanzamos en nuestras vidas, no olvidemos esto. La vida es la suma de nuestras elecciones proclamadas a partir de las responsabilidades de las que voluntariamente nos hacemos cargo. Esto permite que nuestra imaginación busque la mayor variedad posible de opciones disponibles para cumplir con nuestro destino espiritual. Creo que no podemos fracasar en la concreción de nuestras misiones espirituales en la Tierra. Pero los medios gracias a los cuales las llevamos a cabo están estrictamente dirigidos por el poder de nuestras elecciones. Todos podemos compartir el destino de una existencia bien vivida, una vida sin remordimientos. Vivir una vida de excelencia es personificar la virtud en la acción. Entonces es nuestra responsabilidad divina elegir sabiamente basándonos en el consejo de un corazón virtuoso.

TRECE

El Poder de la Creencia

> La fe es la sustancia de las cosas que se esperan, la evidencia de las cosas que no se ven.
>
> Hebreos 11:1

De niños, a la mayoría de nosotros se nos enseña a tener fe en una miríada de cosas que no vemos. Desde Dios a Papá Noel y desde el Ratón Pérez a la vida después de la muerte, hemos sido entrenados para depositar una gran credulidad en aquello que no vemos. Pero, por desgracia, muchas de las cosas que en la infancia consideramos sagradas no resisten el paso del tiempo. Y así, según pasan los años, a menudo pasamos de la fe verdadera a un sistema de creencias basado en la ciencia y en el pensamiento mecanicista. Inevitablemente, llega un tiempo en que, como adultos, comenzamos a examinar nuestras creencias espirituales o religiosas. En esa coyuntura, reconsideramos aquello en lo que realmente creemos. Con posterioridad, esas creencias se convierten en los nuevos cimientos de una fe más práctica.

En nuestra búsqueda de una verdad espiritual duradera, quizá nos sintamos tentados a descartar nuestra lealtad piadosa a una fe no cuestionada. Supongo que eso es natural, ya sea por el proceso de madurez humano o por el anhelo de perfección del alma. No obstante, la pérdida total de la fe puede crear un vacío devastador en nuestras vidas. La creencia incondicional en algo más grande que nosotros mismos es una piedra angular en la construcción de una realidad personal. Si creéis en milagros, los veréis manifestarse en vuestras vidas. Si creéis en el amor verdadero, con el tiempo éste llegará. Asimismo, en muchas ocasiones, la fe religiosa es un poder invisible en apenas un punto de partida. Antes de mis experiencias de casi muerte, yo tenía un montón de problemas cuando reflexionaba sobre la cuestión de la fe... de mi fe personal...

Nuestra herencia judeocristiana nos ha enseñado que nunca podremos ir al Cielo si no tenemos fe en un espíritu omnipotente. Pero ¿a que no adivináis? Yo sí pude ir. Después de caer muerto, como consecuencia fatal de haber sido alcanzado por el rayo, fui directamente a través del túnel hacia la luz y las Ciudades de Cristal. Hice todo eso sin tener ninguna creencia espiritual o religiosa. De hecho, la única santa trinidad en la que me atrevía a creer, en ese tiempo, era la integrada por mí, yo y yo mismo. Sin embargo, después de la primera experiencia de casi muerte, llegué a la conclusión de que una creencia basada en la experiencia ofrecía una perspectiva mucho más amplia que la simple adhesión a una determinada fe. Durante años, creí que para quienes nos habíamos elevado por encima de nuestros cuerpos, flotado sobre ellos y presenciado el proceso de separación entre el yo físico y el espiritual, la fe no era necesaria. La amplia mayoría de los sobrevivientes de las experiencias de casi muerte habíamos estado en la cumbre de esa montaña. Habíamos conocido la verdad que nos libera. Y yo afirmaba con toda veracidad que ya no teníamos necesidad de la fe. Habíamos experimentado la vida después de la muerte, una vida más brillante y centelleante que cualquier cosa que hubiésemos conocido de este lado.

No obstante, con los años, mis frecuentes ensoñaciones sobre la gloria del Cielo me han persuadido de modificar mi punto de vista un tanto arrogante. De hecho, aquello en lo que creo, como consecuencia de mis experiencias celestiales, le ha abierto camino a un magnífico sistema de fe. Es una fe fundada en las posibilidades infinitas que el universo tiene en reserva para cada uno de nosotros. Además, he adquirido una fe más profunda en el potencial ilimitado de la humanidad en aras de su evolución espiritual. Considerando el pasado, me ha sorprendido que me hubiese tomado tanto tiempo darme cuenta. Para mí, era obvio que el viaje de transición desde aquí hasta el Más Allá debía haber sido meticulosamente diseñado por alguien o algo que nos quiere mucho, porque en el momento en que llegamos al otro lado, se nos inculca una comprensión espiritual de nuestra unicidad eterna con la naturaleza infinita del amor divino.

A través del filtro de mi recién adquirida concepción de la fe, hoy veo la vida desde un punto de vista completamente distinto. Por lo general, trato ahora de ver la vida como si todavía estuviera en el Cielo, y desde allí me contemplara a mí mismo. Tengo esa perspectiva siempre muy presente en mi mente para ayudarme a mantener un vínculo cognitivo fuerte entre mi yo superior en espíritu y mi forma terrenal en el mundo físico. Desde ese punto de vista, me preocupo por el Espíritu teniendo fe en mí. Cada día y en toda circunstancia que se me presente soy consciente de mi necesidad de tener confianza en el modo en que el Espíritu me ve conducirme a mí mismo. Si el Espíritu sabe que puedo ser considerado honorable, compasivo y fiel a mi palabra, entonces tiene razones para confiar en mí. Esa confianza inspira fe: la fe del Espíritu en mí. Cuanta más fe tiene en mí el Espíritu, más claves espirituales se me dan para desentrañar los secretos de la luz.

Lo mismo es verdad para vosotros y para todos los que conocéis. Cuando inspiramos en el Espíritu la fe de que somos espiritualmente responsables y estamos siempre listos para dar cuenta de nuestras vidas cotidianas, el Espíritu nos revela el plan divino. Sin embargo, nuestra capacidad para la responsabilidad espiritual se funda en la capacidad de creer en nuestra bondad consustancial, así como en nuestra grandeza intrínseca. La verdadera fe en el Espíritu se expresa mejor a través de una creencia genuina en el prójimo. Cuando elegimos creer en la bondad intrínseca de toda la humanidad, se nos brindan amplias oportunidades de fortalecer esa fe. Personalmente, tengo una fe inquebrantable en el deseo de la humanidad de alcanzar la perfección espiritual (y en la promesa del Cielo de ayudarnos a alcanzarla). Mi fe en ello aumenta la fe celestial porque, cuando el Espíritu Santo queda convencido de nuestro conocimiento y de la aplicación práctica de nuestras cualidades interiores de compasión y amor, somos bendecidos de manera inconmensurable.

La creencia en la bondad que crea una corriente continua de buenas acciones se convierte en una energía capaz de reverberar hasta el Cielo. Lo que hacéis en esta vida, basado en la creencia en el amor y la perfección de la vida eterna, decide la calidad de la vida que os espera en el Más Allá. Creer en la compasión, el amor y la amabilidad es la clave. Cuando cada uno de nosotros se impregna de ello y pone en práctica diariamente el arte del amor y la compasión, el mundo se vuelve más brillante, más acogedor. Teniendo verdadera fe los unos en los otros, las almas en las almas y los corazones en los corazones, nuestras energías mutuas crean una frecuencia inmutable de esperanza, suficientemente fuerte para proteger y salvaguardar nuestro futuro. Al creer unos en los otros, cada uno se convierte literalmente en *la influencia positiva de Dios*.

CATORCE

El Poder de la Oración

> La oración ha vuelto. Después de haber permanecido al margen durante la mayor parte del siglo XX, la oración se desplaza hacia el centro de la escena en la medicina moderna.
>
> Doctor LARRY DOSSEY

En tanto niño que creció en Carolina del Sur, la oración cumplía un papel importante en la vida diaria de mi familia. Recuerdo vívidamente haber unido las manos con mis hermanos, mientras mi padre daba la bendición antes de cada comida. Sentados junto a nuestras camas, mis padres guiaban nuestras oraciones de la hora de ir a la cama, antes de arroparnos cada noche. En la iglesia, todos los domingos recitaba el padrenuestro de memoria. Mi herencia se honra con el valor verdadero y la fuerza de la genuina fe. Por encima de todo, la oración es una función integral de la santa tradición del Sur. De niño, mi familia tuvo que superar épocas difíciles que terminaron en pérdidas. Por medio de la oración sincera, no sólo sobrevivimos a todo, sino que lo hicimos con la alegría y el espíritu de celebración intactos.

Con todo, mi primera formación religiosa me hizo sentir un tanto vacío. Incapaz de compartir la exuberancia teística de mis padres, a menudo cuestioné mi valía. A medida que pasaron los años, me fui haciendo hombre y, poco a poco, pero de manera continua, me fui separando de la práctica de la oración aprendida en la infancia. Hoy reconozco que las semillas de mi cinismo estaban profundamente arraigadas en mi programación eclesiástica de la preadolescencia.

Hay un recuerdo en particular que se niega a desaparecer con el paso de los años. Dado que en mi juventud yo era un poco difícil de manejar, los fines de semana, para disciplinarme, mi madre me obligaba a ir a clases de estudio de la Biblia. Para los niños descarriados como yo, demasiado tiempo libre significaba la catástrofe, de modo que mis padres se aseguraban de que estuviera ocupado las 24 horas los siete días de la semana. Durante una de las sesiones de discusión los sábados por la tarde, el instructor dio una conferencia sobre la edad del mundo conocido. Cuando nos dijo que el mundo apenas tenía unos seis mil años, lo cuestioné preguntándole cómo entonces los dinosaurios habían vivido entre 230 y 65 millones de años atrás. ¡Con furia respondió que los dinosaurios eran una mentira despreciable inventada por los paganos para los propósitos de Satanás!

Nada sabía él de que poco tiempo antes yo había visitado la exposición de Historia Natural de Charleston, donde había pasado toda la tarde maravillándome ante el esqueleto reconstruido en tamaño natural de un *Tyrannosaurus rex*. Era demasiado tarde para que él tratase de inculcarme tal retórica religiosa. Apoyado en las reliquias arqueológicas, desde ese instante la religión establecida y yo estuvimos en guerra. Además, desde temprana edad, siempre había visto que la gente temerosa de Dios básicamente oraba para: *a*) evitar que pasara algo; *b*) huir de algo, o *c*) superar algo que no podemos evitar que suceda.

Como adulto, en mi búsqueda de lo que creía ser una espiritualidad más accesible, cambié la oración ritual por la práctica más popular del pensamiento positivo. Pero a lo que nunca renuncié es a la bendición antes de cada comida. Para mí, no expresar gratitud por algo que tengo justo enfrente constituye una categórica estupidez.

Después de mi experiencia de casi muerte, mi celo por desarrollar una conexión directa con mi divinidad interior aumentó en la misma medida en que se incrementó la distancia entre la religión organizada y yo. A pesar de mi búsqueda inspirada y profunda del conocimiento sagrado, continué descuidando uno de los fundamentos de la manifestación espiritual: la oración. La consideraba una cháchara vacía y no apreciaba la conexión a tierra que le otorgaba a mi vida. En 1997, todo eso iba a cambiar debido a lo que, ahora sé, fue una intervención divina.

Mientras yacía en el hospital, con mi vida pendiendo de un hilo, Art Bell salió al aire una noche para pedirles a sus oyentes que rezaran por mí. En mi estado de semiconciencia, no sabía que esto estaba ocurriendo. Sin embargo, a las pocas horas del pedido radial de oración hecho por Art, entré en un estado de completa conciencia, debido a la poderosa presencia de una brillante energía azul plateada, que rodeaba mi cama de hospital. Sólo supe lo que había pasado muchos días después. Al ordenar los acontecimientos cronológicamente, me di cuenta de que, poco después de que legiones de personas llevaran a cabo la oración, se creó una fuerza sanadora de enorme magnitud. Luego se me informó que, en respuesta al pedido de Art, hubo cerca de cinco millones de personas (contando tanto individuos como organizaciones espirituales e iglesias), en más países de los que se pueda enumerar, que se habían conectado a la web de Art y a otras. Todas esas almas preocupadas y amorosas estaban rezando por mi recuperación. Ese pensamiento sobrecogedor me obliga a ser modesto hasta el día de hoy.

Durante la primera semana de mi confinamiento en el hospital, como resultado de los hematomas, sufrí un dolor incesante y agudo que me llevó a un abismo de desesperación. La agónica vida que estaba forzado a soportar me hizo ver la muerte. Teniendo en ese entonces una nueva visión sobre la muerte, mi mente vagaba con frecuencia a través de imágenes que clamaban por el suicidio asistido. De manera milagrosa, una vez que empezaron las oraciones de esos millones de personas preocupadas por mí, todo cambió. Al principio, mi preocupación más profunda era que, debido al dolor incesante, iba a ser incapaz de hacerme cargo de mi vida y poner orden en ella.

No obstante, como consecuencia de la oración masiva, al tratar yo de compartimentar mis pensamientos de manera consciente, la energía azul plateada se aparecía en el cuarto y el dolor se mitigaba. Darme cuenta de esto fue sorprendente. Era demasiado increíble. Y yo no estaba al tanto de los detalles. Todo lo que sabía con certeza era que, en el medio de la energía azul plateada, experimentaba un alivio significativo de aquel dolor insoportable. En esos momentos, eso era lo único que necesitaba saber. En los años que siguieron a esos acontecimientos maravillosos, me familiaricé con investigaciones científicas acerca del poder de la oración. Más que cualquier otra persona, el doctor Larry Dossey arrojó la luz brillante de la verdad eterna sobre ese tema.

En el año 2000 fui invitado a asistir a la conferencia sobre ciencia y espiritualidad en la Duke University. El simposio estaba auspiciado por la Fundación Rockefeller y su cometido era explorar la eficacia de las terapias alternativas y complementarias (incluyendo la oración) en el proceso de sanación. Este seminario de apertura mental presentó la evidencia más convincente de la oración como herramienta médica. En compañía de renombrados científicos como el doctor Wayne Jonas, Fred Thaheld y la doctora Marilyn Schlitz, se dieron a conocer numerosos datos sorprendentes. Para mí, la conclusión más asombrosa de esa reunión de alto nivel fue una nueva definición de la oración, tal como sería documentada en modelos de protocolos paradigmáticos para la investigación. El término «intento consciente voluntario» fue acuñado para abarcar las aplicaciones médicas y espirituales de la oración. El mero sonido de este nuevo término resonó de manera poderosa en mi espíritu, abriendo mi mente y mi corazón a una nueva comprensión del uso eficaz de la plegaria, tanto personal como colectiva. Poco después busqué esas tres sencillas palabras en el diccionario para descifrar sus connotaciones espirituales:

- *Intento*: atención concentrada en un propósito específico.
- *Consciente*: flujo de conciencia informada.
- *Voluntario*: capacidad de influir a través del poder mental.

¡Qué maravilla! Finalmente me había dado cuenta de cuál era el trabajo fundamental de este antiguo secreto para crear un puente entre este mundo y el otro. Al contemplar el intento consciente voluntario, tuve claro que podíamos asumir la responsabilidad mental y moral de nuestras vidas a través de la creación de un propósito más alto. Este acontecimiento revelador me iluminó sobre un aspecto inolvidable del repaso panorámico de mi vida. Se trata de una de las cosas más importantes que recabé a propósito del otro lado. Lo que hacemos en nuestra vida no es tan importante como el porqué lo hacemos. Al final, capté lo que realmente importa: nuestra intención, los motivos que apoyan cada acción que llevamos a cabo. Ésa es la verdadera medida del alma.

Armados con este conocimiento, podemos tomar el control sobre nuestras vidas, agregando a eso la puesta en práctica de la oración como intento consciente voluntario. Aprovechemos el día, ya que al hacerlo decididamente nos volvemos hacia el universo para emplear su magnífico poder. Observemos que, cuando están dirigidas de manera positiva, nuestras plegarias se unen con la conciencia colectiva para garantizar el apoyo energético necesario. A medida que seguimos avanzando en nuestras vidas es imperativo que utilicemos nuestro intento consciente voluntario para influir sobre nuestras experiencias, junto con toda la humanidad, para lograr algo mejor. En tanto seres espiritualmente poderosos, si asumimos la responsabilidad sobre nuestra tarea humana, también podemos lograr con cada bocanada de aire mejorar la condición humana global. La oración nos da la capacidad de extraer del reino espiritual la fuerza y la inspiración para abrir nuestras mentes y corazones a fin de contemplar el poder de las dimensiones místicas en el reino físico. La oración, ya sea practicada en el contexto religioso o como intento consciente voluntario utilizado de manera científica, se alza con firmeza como el verdadero modelo de la fuerza espiritual provechosa del pensamiento dirigido. Pero, sin importar cómo la llamemos, la oración funciona: ¡simplemente ponedla a prueba! Creo que veréis, como yo lo hice, que en la oración hay un gran poder.

PARTE III

LAS SIETE LECCIONES DEL CIELO

QUINCE

Lección Uno

La verdadera perfección del hombre reside no en lo que tiene, sino en lo que es.

OSCAR WILDE

Somos seres espirituales de luz, grandes, poderosos y pujantes, que vivimos en un mundo físico, con dignidad, con una dirección y una finalidad.

Recuerdo vívidamente de qué manera, durante mi primera experiencia de casi muerte, los Trece Seres de Luz me inculcaron que somos seres espirituales de luz, grandes, poderosos y pujantes. Quiero comunicaros que yo no tenía en absoluto ningún problema en creer eso. Especialmente, cuando, en el preciso momento en que me lo estaban diciendo, mi cuerpo chamuscado yacía en el hospital, cubierto de la cabeza a los pies con una sábana blanca, esperando que lo llevaran al depósito frigorífico. Pero, a mi regreso del Cielo, sentí la profunda necesidad de discernir el significado de esas palabras. ¿Qué significaba en realidad ser grande, poderoso y pujante? Me pareció difícil entender cómo nosotros, pobres y lastimeros humanos, con todos nuestros evidentes defectos, pudiéramos ser considerados como algo maravilloso y pujante.

En consecuencia, y de acuerdo con mis modestas posibilidades, lo que sigue es mi interpretación filosófica de lo que para mí es verdadero. Son mis cincuenta y siete años de experiencia de vida, así como mis encuentros transdimensionales. Yo ya tenía parte de esa información antes de mi experiencia de casi muerte... pero desconocía otra gran parte. La grandeza que hay en nuestro interior, presente en el núcleo vital de cada uno de nosotros, se mide predominantemente por la cantidad de coraje que poseemos. El coraje espiritual se expresa de manera evidente en nuestra decisión de mudarnos a un cuerpo físico. Después, se expresa a través de nuestra dedicación por manifestar y sostener una realidad física. Tengo la audaz certeza de que sólo los más grandes héroes y heroínas han aceptado la tarea de tener vidas humanas durante estos tiempos tumultuosos. En nuestro planeta, la próxima década traerá las mayores convulsiones de todos los tiempos y cambios impredecibles jamás conocidos por el hombre.

En cada una de mis visitas al otro lado, me mostraron que cada uno de nosotros está aquí para cumplir la misión específica de ayudar a que la Tierra despliegue su perfección. Y eso se hará conforme a la divina voluntad universal. Al mismo tiempo, hemos aceptado voluntariamente llevar a cabo tareas específicas en la vida, ideadas para facilitar el más extraordinario crecimiento personal en el menor tiempo posible. Puede que setenta u ochenta años de vida en la Tierra nos parezcan una eternidad, pero desde la perspectiva de un ser eterno, no es mucho tiempo para cumplir semejante proeza monumental. Así, tenemos una definición de la grandeza genuina: intentar una tarea aparentemente imposible sin casi tener tiempo para ello. ¿Acaso no suena a coraje? ¡Claro que sí!

Por otro lado, nuestra verdadera fuerza está en el hecho de que somos chispas únicas de divinidad. A través de nosotros, el Espíritu transmite su poder creciente y su magnificencia, expresados a través de la suma de nuestros pensamientos, palabras y acciones. De hecho, creo que nuestra fuerza mortal se expresa más profundamente a través de nuestros pensamientos. Nuestra potencia espiritual crece en proporción directa a la manera en que dirigimos nuestro deliberado intento consciente hacia la meta de producir cambios sobre nuestras vidas, sobre las vidas de los demás y sobre el mundo en general. Los cambios en los que deliberadamente influimos, ya sean positivos o adversos, a su vez crearán un efecto de onda a través del universo entero. Eso ocurre invariablemente porque somos Uno. Por más tópico que pueda parecer o en que se pueda haber convertido la frase, sigue siendo la pura verdad.

Desde la más pequeña piedrecilla de la playa hasta la infinita vastedad del cosmos, todo está eternamente interconectado en la unicidad del Espíritu. Que éstas sean las palabras esenciales que os guíen a través del resto de este libro (y ojalá, del resto de vuestras vidas). El sistema espiritual ha sido establecido de esta forma y, por ende, todos nosotros actuamos como guardianes de los demás

¿Habéis pensado alguna vez que la fuerza divina podría ser tan calculadora? Bien, considerando que nosotros no podemos ser nada que no sea la divinidad, la fuerza divina tiene también la capacidad de ser lista, ¿no?

Creedme, lo que estáis leyendo es apenas uno de los modos posibles de la fuerza divina. Os aseguro, mis palabras están lejos de ser la charlatanería psicológica tan habitual en estos días. Se trata de verdades inmutables, puestas en movimiento por Todo Lo Que Es. Tengo mi propia interpretación de esas verdades, al igual que vosotros. Esto es así porque nuestra conciencia le da forma al mundo en que vivimos: a nuestra experiencia de la vida, de la muerte y del otro mundo. Debemos entender esto: cada sencilla cosa que uno de nosotros piensa, dice o hace impacta en el resto de la humanidad, en uno u otro nivel. Por favor, deteneos por un instante para absorber profundamente lo que acabáis de leer.

A medida que iba evolucionando espiritualmente y aprendiendo más sobre la cuestión, por momentos me seguía pareciendo difícil no ser egoísta ni egocéntrico. Para usar el cuádruple camino al poder, se tiene que abandonar todo egoísmo y todo egocentrismo. Soy consciente de la dificultad de lo que os pido. No tenéis idea de lo arrogante que puedo ser. En cierta época, creía en verdad que la única opinión que importaba era la mía. ¡No es un chiste! Durante muchos años, llegué a pensar que yo era el único que importaba en cualquier situación, respecto de cualquier tema. Pero estaba destinado a descubrir la verdad, al igual que vosotros, ya que estamos aquí para actuar y vivir en el amor de la Unicidad. Hoy es cuando hay que dejar de lado toda arrogancia. Por favor, hacedlo.

¡Comenzad hoy! En los círculos metafísicos se sabe que, cuando el estudiante está listo, el maestro aparece. El hecho de que estéis leyendo esta página indica que estáis listos para responder activamente a estas verdades.

Si adoptamos de una manera diligente y consciente esta perspectiva, de inmediato tendremos una intuición espiritual de lo dictado por el Maestro: Ama a tu prójimo como a ti mismo. Porque lo que hacemos a los otros, con toda seguridad nos lo hacemos a nosotros mismos. Creedme cuando os digo que la Regla de Oro está viva y coleando en el otro lado. Y esto es básico. Nuestra fuerza verdadera es un aspecto tangible de nuestra realidad espiritual, tal como la crean nuestros pensamientos, palabras y hechos, ya que éstos están destinados a convertirse en energía solidificada y manifiesta en el reino de lo físico, lista para revelar la invencibilidad de nuestras identidades divinas.

Vivir en dignidad, como los Trece Seres de Luz nos han comunicado que debemos hacer, significa que poseemos una base elevada en el esquema espiritual de las cosas. Hemos sido creados a imagen de la divinidad, lo que implica que hemos nacido para desplegar nuestra nobleza y una conducta amable. Sin embargo, muchos seres humanos parecen haber perdido su dignidad, lo que se evidencia en la pérdida del amor propio y la autoestima. Y puedo deciros que soy un experto en eso. Cuando se produce esa pérdida de la dignidad, a continuación perdemos el respeto y el aprecio por todo lo que nos rodea. Luego, nos vamos aislando espiritual y emocionalmente de los demás. Ahí empieza el ciclo.

En consecuencia, nos encontramos viviendo en una

sociedad en la que los mínimos actos de bondad son sorpresas inesperadas. De hecho, la bondad de un desconocido puede parecernos sospechosa y delictiva. Los medios nos han convencido de que *ahí fuera* no es un sitio seguro. Ante la amenaza de la delincuencia y los crímenes, pasando por la corrupción y el terrorismo, nuestra respuesta es encerrarnos. Queremos comprometernos con el mundo que nos rodea, pero sólo si podemos estar un paso atrás. Escudándonos en la barrera de la fibra óptica para chatear por internet y en las conferencias telefónicas, preferimos la experiencia tecnológica en lugar de estar conectados personalmente. Perder nuestro sentido de interconexión con la familia, los amigos, los compañeros de trabajo y la comunidad constituye un peligro latente. Estamos siendo separados de tantas maneras que ya no podemos contarlas. Creo que hemos sido creados, en Espíritu, para ser interdependientes, darnos apoyo y coraje unos a otros, a fin de encontrar nuestra meta, sernos útiles y lidiar con nuestros desafíos para mejorar el mundo.

Por eso es que trabajo en las residencias para enfermos terminales. Ese tipo de asistencia consciente hace que sea imposible escaparme del contacto íntimo que merecemos y deseamos para nuestras vidas. En mi vida personal, el tiempo voluntario que dedico a ayudar a los otros es el ámbito donde la interdependencia se vuelve una forma de arte espiritual. A través del voluntariado, podemos romper las barreras que nos separan de una comunión significativa con los demás. El voluntariado es activismo espiritual en su forma más alta. Dondequiera que nos brindemos con el corazón abierto, sin ninguna expectativa de recibir algo a cambio, nos convertimos en amor y compasión en acción.

En otras palabras, nos expresamos como la dignidad de lo divino. Estamos creando la gracia, tanto para nosotros como para la gente a la que ayudamos. Más precisamente, *nos convertimos en la gracia*. El diccionario Webster define a la gracia como: *a*) el favor inmerecido y el amor del espíritu, gratuitamente concedidos; *b*) la influencia o espíritu de Dios que opera en los humanos para regenerarlos o fortalecerlos, y *c*) una virtud o excelencia de origen divino.

Podemos ver claramente que el don al que llamamos *vida* es entendido como un estado de gracia divina. En ese estado, expresamos al Espíritu para influir en la vida de los demás. No se trata de una ensoñación ni una charla retórica vacía. Nuestra capacidad para convertirnos en la gracia es para nosotros una idea revolucionaria, si bien es uno de nuestros derechos co-creativos. La mayoría cree que sólo Dios puede dispensar la gracia, pero aquí estoy para deciros que yo sé que se nos ha dado acceso divino a eso. Los actos de amor desinteresado y de bondad nos reconectan con la gracia porque somos seres espirituales que captan la unicidad de la experiencia humana.

Cuando nuestras experiencias humanas se arraigan en el amor y la compasión, nuestros logros están destinados a ser colmados con la gracia espiritual. Desde esta perspectiva, es fácil encontrar nuestro verdadero propósito en la vida. Como dije antes, durante mi primera experiencia de casi muerte me mostraron que una de las lecciones fundamentales que toda alma con forma humana tiene que aprender es cómo emplear nuestra cualidad única para ayudar a desplegar la perfección de los planos terrestres. Sin embargo, algunos de nosotros nos resistimos y, debo admitirlo, yo soy uno de ésos. Nunca deja de sorprenderme cuántas veces los Seres tuvieron que matarme antes de que finalmente decidiera cumplir voluntariamente con mi papel. Espero que vuestro camino hacia la iluminación sea menos doloroso.

No obstante, si ésa es vuestra elección, ¡adelante! A título personal, no puedo recomendar eso como un estilo de vida viable o como un camino gratificante hacia la autorrealización. En los últimos veinticinco años, he viajado mucho, dando conferencias alrededor del mundo. A pesar de que mis públicos tal vez hablaran lenguas que me eran desconocidas y practicaran un abanico de tradiciones religiosas, una de las preguntas que más frecuentemente me hicieron fue siempre la misma: ¿cómo hacemos para encontrar nuestra verdadera meta en la vida? Llegué a la conclusión de que, además de asistir al despliegue espiritual de la perfección humana, todos poseemos otros dos objetivos centrales en la vida. Esos objetivos son las piedras basales de los próximos dos secretos: Elegís llegar aquí. Habéis sido elegidos para llegar aquí.

PROPUESTAS

Para aplicar la sabiduría de Las Siete Lecciones como un ser espiritual fuerte y poderoso debéis considerar que vuestra respiración y vuestros latidos cardíacos tienen un valor sagrado. Esto se alcanza cuidando con esmero vuestra forma física. Cuanto mejor os cuidéis a vosotros mismos, más fácil os será cumplir con vuestra misión terrenal, con vuestra heroica meta espiritual. Cuidar la salud incluye, pero no se limita, a los siguientes pasos:

- 8 a 10 vasos de agua por día.
- 7 a 8 horas de sueño por noche.
- Ejercicios regulares (al menos, 5 días a la semana).
- Una dieta nutritiva, que consista en la comida apropiada para vuestro tipo de sangre.
- Tiempo libre cada día para reflexionar y meditar (15 minutos, dos veces al día).
- Anotar diariamente todos los acontecimientos importantes y las bendiciones recibidas.
- Lectura y relectura de las Reflexiones y Afirmaciones Espirituales de cada lección.

REFLEXIÓN Y AFIRMACIÓN PARA LA LECCIÓN UNO

MI MAGNIFICENCIA

Soy perfecto. Soy el bello reflejo de mi origen divino. No importa qué imperfección refleje mi humanidad, mi identidad como perfección espiritual está intacta. Soy la esencia del Gran Soy.

AFIRMACIÓN

Soy la expresión magnificente de la perfección universal.

DIECISÉIS

Lección Dos

Tenga paciencia con todo lo que en su corazón no esté todavía resuelto. Intente encariñarse con las preguntas mismas, como si fuesen habitaciones cerradas o libros escritos en un idioma muy extraño. No busque de momento las respuestas. No le pueden ser dadas porque no sabría vivir con ellas, y se trata precisamente de vivirlo todo. Viva usted ahora sus preguntas. Tal vez, sin advertirlo siquiera, llegue así a internarse poco a poco en la respuesta anhelada y, algún día lejano, se encuentre con que ya la está viviendo también.

RAINER MARIA RILKE

Hemos elegido venir aquí como una fuerza individual para producir cambios para el mejoramiento de la humanidad, sabiendo que somos capaces de influir en ella. Cada uno de nosotros ha diseñado su vida con tantos obstáculos y desafíos como le ha sido posible, pero también ha diseñado una variedad de opciones y posibilidades para vencer esos mismos desafíos.

Muy a menudo he oído decir: «Ojalá supiera cuál es mi objetivo en la vida», o «Si sólo supiera qué quiere Dios que haga, me sentiría sereno». Aunque puede que nos tome décadas definir nuestro objetivo espiritual, me parece que nuestra búsqueda personal de la verdad y el sentido está sincronizada para comenzar con la pubertad. Al mismo tiempo que nuestros cuerpos comienzan el cambio hormonal de la adolescencia, nuestras mentes se embarcan en la expansión espiritual conjuntamente con ese principio de madurez. El alcance de nuestra capacidad de pensamiento se amplía para abarcar una búsqueda personal de sentido. En mi opinión, uno de los secretos de la verdadera felicidad en la vida reposa en la búsqueda consciente, y el eventual logro, de un verdadero sentido de la vida. Ése es el camino del descubrimiento, que conduce a la esencia de la genuina felicidad.

Cuando nos hacemos consciente y suficientemente disciplinados en nuestra decisión de ver más allá de las meras circunstancias del presente, siempre recibimos el premio de tener una comprensión más profunda del sentido de la vida. La recompensa es codiciada y sublime a la vez, porque al final de nuestra búsqueda consciente de la verdad está la sabiduría del alma. Nuestra búsqueda vital no trata sobre si tenemos bien el cabello un día o si poseemos una gran cuenta bancaria. Lo que cuenta en el esquema más amplio de la vida eterna es el significado esencial de esos acontecimientos. Todo suceso, sin importar cuán angustioso o triunfante sea, desaparece cuando su significación brilla en el frente de nuestra pantalla espiritual. El valor intrínseco de todo suceso de la vida es el poder real.

En nuestra búsqueda deliberada de sentido, a veces desde el primer momento hallamos el objetivo verdadero en nuestra vida cotidiana. Cuando nos mantenemos firmes en el hábito de buscar sentido a fondo, aumentamos nuestra integridad personal. Pronto empieza a ser evidente cierto patrón. Y ese patrón se pone en sintonía con nuestro objetivo en la vida para revelarnos cuál es nuestro destino divino y nuestra misión sagrada. Por supuesto, cada destino individual es diferente, porque no hay una respuesta inmediata a ese grandioso acertijo. Afortunadamente, cuando nos alimentamos con regularidad y hacemos las cosas que nos gusta hacer, podemos reconocer más plenamente por qué elegimos venir aquí. De modo que, cuando estemos en un dilema, interrogándonos por nuestra dirección divina, tenemos que detenernos, respirar profundamente y volver a aquello que nos resulta más natural. Es decir, un pintor tiene que pintar y un cirujano está obligado a usar el bisturí.

Escuchar nuestra sabiduría interna es el mayor don que podemos brindarnos a nosotros mismos. Cuando diariamente nos tomamos un tiempo para oír los pensamientos divinos que flotan en nuestros corazones, invitamos al Espíritu Santo a que se haga presente en nuestras vidas de todos los días. La meditación es una excelente herramienta para la autorrealización. Cuando esta práctica está firmemente anclada en nuestras vidas, podemos contar con un guía cada vez más elevado. Es como estar conectado, sin cesar, a las frecuencias celestiales. En esos niveles de conciencia, nuestra percepción espiritual se agudiza y está siempre disponible.

En la búsqueda del sentido y la meta de la vida, se suele descuidar el volverse hacia uno mismo como un método moderno de hallar la iluminación. Sin embargo, las respuestas a nuestros interrogantes espirituales que pueden encontrarse fuera de nosotros son muy escasas. Se dice que la sabiduría interior habla en la lengua del amor, y creo que eso es cierto. Nuestro objetivo fundamental en la vida es descubrir nuestra unicidad y luego manifestarla para el bien de toda la humanidad. Esto es verdad para los cantantes, los barrenderos y también para los santos. La Biblia nos dice: «Pide y recibirás; busca y encontrarás; golpea y las puertas se te abrirán.» Si realmente queréis saber por qué estáis aquí y qué es lo que el Espíritu exactamente quiere que hagáis o seáis, ¡preguntad! Luego, sentaos pacientemente —y de buen ánimo— en el silencio de la santa reverencia y aguardad la respuesta.

Sea lo que sea que elijáis llevar a cabo en esta vida, se cumplirá, porque el Espíritu originariamente puso los sueños que más atesoráis en vuestros corazones. Además, cuando tengáis la curiosidad y el valor de pedir un guía mayor, todo lo que se mantenía como misterio, se os revelará. Descubrir vuestra misión os pone en una posición de responsabilidad. A partir de ese punto, debéis actuar como portaantorchas para otros que aún luchan con su identidad espiritual. De ese modo, vuestra vida se convertirá en un testamento para que todos puedan hacer exactamente lo que habéis hecho vosotros. Creo que el Espíritu sabe que muchos de nosotros no pediremos para nuestras preguntas un guía mayor del que nos responda, de modo que incorporó otra medida más segura en el diseño humano. La angustia de la adversidad y la pena actúan como poderosos estímulos para la mayoría. Por tanto, cuando se nos presenta la ocasión y existe una oportunidad creativa de idear desafíos para nuestras vidas, es más probable que encontremos nuestro propósito divino.

De modo que, si alguna vez os habéis preguntado cómo es que vuestras vidas se han arruinado, ésta es la respuesta: Lo habéis hecho vosotros. Sois los únicos que habéis creado todos los problemas con que os topáis año tras año. No hay nadie más a quien culpar. Y éste es el disparador: ¿sabéis por qué os habéis provocado tantos problemas? Lo habéis hecho porque honestamente creíais que no había ningún lugar en que pudierais meteros y del cual no pudierais salir por vosotros mismos.

Vuestra naturaleza eterna es la de un ser espiritual, en tanto que vuestra humanidad es una experiencia efímera en el diseño mayor. Pero como seres espirituales, sois naturalmente arrogantes y sentís la necesidad de demostrar que podéis dominar con astucia cualquier obstáculo que se os ponga delante. Con el tiempo, nos enamoramos cada vez menos de la lucha y el dolor; en lugar de ello optamos por trabajar de manera más inteligente, menos dura. Este tipo de pensamiento amplio nos lleva de regreso al punto de partida, de vuelta a los días en que comenzamos a cuestionarnos por primera vez nuestro objetivo en la Tierra. Al haber perdido el gusto por el fracaso, por los errores repetidos y por las relaciones que llegan a punto muerto, aspiramos a algo más, a algo superior. Y cuando anhelamos eso, he aquí que el Espíritu se apresta y se dispone a ayudarnos.

Quiero destacar el hecho de que esas adversidades y

esos golpes devastadores que recibimos en el camino también cumplen un papel importante en nuestra evolución personal. Sirven para hacernos más flexibles y maduros. Todos hemos oído que lo que no nos mata nos hace más fuertes. Así que oremos por saber más a la hora de la puesta del sol que lo que sabíamos al alba. Recordad: nunca podremos ser un gran capitán si sólo navegamos en mares calmos.

Prepararse con decisión para recibir una intuición espiritual garantiza que ésta se manifieste. Tomaos un tiempo cada día para pedir que se os muestre la verdadera misión de vuestra vida. Abrid el corazón y mantenedlo abierto para recibir. Vendrá la inspiración y, con ella, conoceréis una paz que va más allá de todo entendimiento. En el Cielo pude ver que sólo las almas mejores y más brillantes han elegido ir al mundo físico en este momento de la historia. Somos los más valientes entre los valientes. Nacidos con fuerza y un gran valor, hemos cargado sobre nuestros hombros una tarea tremenda de consecuencias invalorables.

Todos hemos venido para salvar al mundo de las destructivas ramificaciones de la naturaleza inferior de la humanidad, plena de codicia, de violencia y de ansias de conquista. En esta batalla de valores, el amor debe ser vuestro escudo y espada. El modo en que blandís el amor constituye —y literalmente determina— el cumplimiento de vuestra misión personal. Hallar y cumplir con vuestra única misión garantiza el éxito. A los ojos del Espíritu, ya sois campeones gloriosos simplemente porque elegisteis estar aquí, en esta época extraordinaria de la evolución humana.

REFLEXIÓN Y AFIRMACIÓN
PARA LA LECCIÓN DOS

Elección

Cuando entré en este mundo físico, traje conmigo dos cosas: mi misión personal y el libre albedrío. Soy libre de elegir la felicidad, la iluminación y el pensamiento más elevado, sin importar qué circunstancias me desafían este día.

Afirmación

Protejo y aliento mi derecho de elegir siempre lo mejor de mí, para mí.

DIECISIETE

Lección Tres

> Todos podemos ser grandes... porque cualquiera puede ser útil. No necesitas tener un diploma universitario para ser útil. No debes hacer concordar el sujeto y el verbo para ser útil.
> Lo único que necesitas es un corazón lleno de gracia. Un alma generada por el amor.
>
> MARTIN LUTHER KING

Hemos sido elegidos para venir aquí. Esto significa que una fuerza grande y de infinito amor confía y cree que lograremos el objetivo para el que hemos sido enviados. Lo haremos en el nombre de lo que consideramos divino. Creo firmemente que muy pocos de nosotros habremos de fracasar en esta misión de la vida.

Para algunos, la tercera lección del Cielo puede echarlo todo a perder. Comprender cómo y por qué hemos sido elegidos para venir aquí, demuestra que el concepto religioso de que la humanidad nació del pecado sencillamente ha dejado de funcionar. Una vez más recuerdo aquello de «las calles del Cielo están pavimentadas con oro». Debo deciros que yo sé que no es cierto. ¿Por qué? He viajado al Cielo y he visto todo lo que hay del otro lado de la vida. He vuelto con un conocimiento profundo de cuánto nos aman y reverencian allí. Ni una sola vez me hicieron sentir que yo, junto con el resto de la humanidad, era un pecador o alguien de por sí imperfecto. Nunca, ni siquiera por un momento, sentí que nos considerasen de otro modo que como seres espirituales poderosos, que transitaban juntos por un camino de crecimiento. Reitero: los Trece Seres me mostraron que, para aquellos que nos miran desde los dominios celestiales, somos los héroes y heroínas más valientes.

La verdad es que nos ha sido confiado el destino del mundo. Es muy importante entender esto: cargamos con la gran responsabilidad de transformar la realidad espiritual del dominio físico. ¿Por qué habría uno de pensar que ellos les hubieran dado esta tarea a un puñado de pecadores?

Desafortunadamente, sin importar cuán ridículo pueda sonar el concepto de pecado original, la idea sin duda ha prendido. Y, por desgracia, este asunto de nacer en pecado ha contribuido a que perdiésemos de vista nuestra identidad, nuestra dignidad y nuestra divinidad. Es interesante ver cómo comenzó esta concepción religiosa errónea. La noción de que nacimos en pecado no apareció hasta el Concilio de Nicea, hoy conocido como Credo Niceno. Fue en el año 325 d.C. y se celebró en Constantinopla. Los principales instigadores fueron el emperador Constantino, del Sacro Imperio Romano, y el obispo de Roma. Juntos, estos dos hombres conspiraron para unir el Imperio romano bajo una única religión oficial. Usando como vehículo un pequeño culto hebreo, el de los cristianos, transformaron las creencias espirituales sagradas de ese culto en la religión exclusiva del Imperio romano. Con la asistencia del obispo, el emperador Constantino llamó a un concilio de 317 obispos, que se encontraron en Nicea, que estaba cerca de lo que hoy llamamos Estambul.

Bajo la dirección de Constantino, el concilio inventó una versión de la palabra de Dios, que encajaba mejor con sus puntos de vista personales y sus aspiraciones políticas. A partir de esa versión revisada del cristianismo, el emperador Constantino obligó al Imperio a abrazar el concepto de haber nacido en pecado, que hizo que todos los creyentes de la nueva religión se sometieran a su control personal. A ello se le sumó el adoctrinamiento de lo que iba a ser la Santa Iglesia de Roma. Para mantener a los verdaderos creyentes cautivos en una estricta obediencia, la iglesia primitiva predicó sin pausa la presencia del infierno. A aquellos que no aceptaban el rígido control de la iglesia sobre sus vidas y finanzas les esperaba un infierno atroz. Sin duda, vivir dominados bajo ese miedo debió de afectar negativamente a su cordura. El resultado fue una perversión bienintencionada contra los otros miembros de la comunidad. El corazón humano no puede ser cruelmente doblegado por el miedo, las amenazas o, peor aún, por la pérdida de la vida eterna, y seguir ileso.

Las enfermedades que afectaban a la gente durante los tiempos del Imperio romano son bastante similares a las que afectan a la sociedad moderna de hoy. Debido a los agobiantes controles gubernamentales, los ciudadanos se consideran unos a otros sospechosos y tienden a encerrarse, en lugar de tender la mano a la comunidad. Cuando, por demagogia, la gente se ve forzada a vivir en una atmósfera opresiva, la generosidad se pierde. Cristo dijo que vino a enseñar un nuevo camino y pidió que hiciéramos por los demás lo que esperamos que los demás hagan por nosotros. Por encima de todo, pidió que nos amáramos los unos a los otros.

Ésos son los principios espirituales que cada uno de nosotros ha elegido para poner en práctica en el mundo en este tiempo actual. Al igual que el Salvador, no hemos venido para crear una nueva religión. Hemos sido elegidos para reflejar y propagar ampliamente los divinos principios del amor, la compasión y la bondad, y la alegría innata de nuestra naturaleza.

Esas cualidades son de capital importancia para la continuación de la vida en la Tierra. Ahora, más que nunca, el mundo necesita la influencia positiva de una humanidad que viva y ame en un estado de conciencia elevada. El terrorismo y las guerras que se propagan con furia, la posibilidad de una aniquilación global aumenta en proporción directa.

El objetivo de los que han sido elegidos para venir al mundo en este momento de la historia es salvar el planeta de la ignorancia de la ley espiritual, que podría conducirnos a nuestra destrucción final. De modo que, resumiendo, hemos sido elegidos para venir a enseñar las lecciones de una adhesión práctica a los principios espirituales basados en la conciencia celestial.

El modo en que estamos viviendo en la actualidad no funciona. Si queremos perdurar, es necesario un cambio en nuestra manera de pensar. Es más, el hecho de que hayamos sido elegidos para hacer el tránsito al dominio físico en estos tiempos, significa que no hay nadie más que pueda cumplir con nuestras obligaciones específicas, en este nivel de la vida, mejor que nosotros. La ciencia ha demostrado que las posibilidades de que otra persona exactamente igual a vosotros exista en la Tierra al mismo tiempo son de una en dieciséis mil millones. Hoy, la población del planeta es de más de seis mil millones, ¡lo que confirma científicamente el hecho de que nadie puede hacer lo que vosotros hacéis, exactamente como lo hacéis vosotros! Hemos sido creados como seres humanos únicos y en extremo especiales. Somos, literalmente, únicos en nuestro género. Y esto es así, hayamos o no realizado el propósito verdadero de nuestras vidas.

La nuestra es una misión divina. Sin importar cuál pueda ser el título oficial de nuestro trabajo en este momento, hemos sido enviados aquí para actuar como un faro, ayudando a los otros a encontrar el camino. Mirar desde el dominio espiritual hacia este mundo mental/psíquico es, en buena medida, como mirar en un espejo, porque la imagen que nuestras vidas parecen representar está invertida. A menudo, es exactamente lo opuesto de lo que creemos.

Por ejemplo, ¿cuántas veces hemos intentado dejar una impronta en el mundo con hazañas de heroísmo, sacrificio o generosidad? Creemos que un comportamiento generoso atraerá la atención del Espíritu hacia nosotros, y nos hará ganar puntos como *boy scout* en el Cielo. La verdad es que el sistema no funciona así. Desde el punto de vista superior del Espíritu, rige otro sistema de honores muy diferente. A los ojos del Espíritu, los pequeños actos de espontáneo amor y compasión son mucho más importantes. Asimismo, aquello que podáis considerar vuestras mayores flaquezas pueden ser, en realidad, vuestras fuerzas más auténticas, según sean vistas desde otra posición. No juzguéis —ni siquiera a vosotros mismos—, porque puede que no conozcáis cuál es el plan último para vuestra vida. Los juicios no son necesarios para el logro de ese plan. Lo que se necesita es que viváis, en toda ocasión, conscientes del amor. Desde ese lugar sagrado, sin duda seréis conducidos a situaciones y relaciones perfectas que necesiten de vuestra compasión y curación.

Es imperativo que no olvidéis esta tercera lección del Cielo. Este secreto de la luz os asegura un éxito genuino como portadores de luz en la aventura que es la vida en el brumoso crepúsculo de esta era en la Tierra. Habéis sido elegidos para venir aquí para garantizar que el mundo sobrevivirá en la gracia. Dado que no hay nadie exactamente como cada uno de vosotros, nadie puede ocupar vuestro lugar o cumplir con las exigencias de vuestro destino. Y el destino exige vuestro compromiso consciente con una vida de excelencia, vivida en el amor al Espíritu Santo. Cuando nuestra única brújula es el amor, la vida siempre sigue la senda correcta.

REFLEXIÓN Y AFIRMACIÓN PARA LA LECCIÓN TRES

P**REPARARME A MÍ MISMO COMO RECEPTOR**

A lo largo de la vida después de la vida, mi alma ha deseado la consecución de la verdad y la iluminación espiritual. Encontrar las respuestas a los misterios de la vida ha sido mi fuerza motora. Prepararme a mí mismo como receptor de la bondad ha sido mi misión sagrada.

A**FIRMACIÓN**

Es mi destino servir como recipiente para la luz del amor.

DIECIOCHO

Lección Cuatro

Las personas que nacen con un talento destinado a ser usado, encuentran su mayor felicidad utilizándolo.

Johann Wolfgang von Goethe

Todos poseemos dones y talentos en abundancia. Un aspecto vital de nuestra existencia es descubrir y desarrollar el uso inteligente de esos talentos para producir el mayor potencial de bondad.

Durante las traumáticas secuelas de mis tres experiencias de casi muerte, como podéis imaginaros, pasé muchas horas contemplando cada detalle de mis aventuras en el Más Allá. Esto fue muy cierto en los dos años posteriores al accidente del rayo. Al principio, me sentía físicamente incapaz de levantarme de la cama. Y después de recuperarme durante muchos meses, cuando por fin hube reunido la fuerza para abandonar el lecho, por lo general me levantaba para encontrarme a mí mismo de bruces sobre el piso. Me había desmayado de repente. No tengo manera de transmitir hasta qué punto sufría dolores, además de la tremenda lucha emocional que libraba para volver a mi vida después de la primera experiencia de muerte.

Durante esos primeros dos años, lo único que tenía era tiempo libre para calibrar una y otra vez mi experiencia celestial, pasándola por un tamiz muy fino. Creedme, en cada matiz del conocimiento compartido por telepatía con los Seres de Luz, y en cada mínima evidencia, busqué desesperadamente alcanzar un entendimiento de los alucinantes acontecimientos que había presenciado en el otro lado. Retrospectivamente, basándome en lo que había visto y oído en el Cielo, llegué al convencimiento de que cada alma viene al mundo con un talento y una tarea, un recuerdo y una misión; todos llegamos con un don y una meta. Esos talentos y tareas son dadores de Espíritu. Son nuestros pasaportes al reino terrenal, porque cuando se expresan apropiadamente, aseguran la continuación y la evolución del mundo físico.

Algunos hemos nacido para ser científicos, mientras que otros tal vez sean inventores o incluso sanadores. Algunos hemos nacido para desvelar los secretos del universo, desarrollar las tecnologías más avanzadas, o quizá, concebir maneras de vivir más tiempo, y llevar una vida más sana. Puede que otros hayan nacido con el bendito don de la música o el arte, la escritura o el habla. Pero hay algo que es seguro: a través de cada uno de nuestros esfuerzos, cuando usamos nuestro talento con sabiduría, el mundo se convierte en un lugar más bello y armonioso donde vivir. Según pienso, la mayoría de nosotros nace con una cantidad de dones. Un aspecto vital de nuestro viaje por el mundo físico es buscar con ahínco y desarrollar con plenitud esos dones espiritualmente concedidos, con el objetivo de manifestar el mayor potencial de bondad. En esa verdad particular yace el poder más grande. Es una verdad fácilmente accesible para vuestra evolución espiritual. La comprensión y la implementación consciente de esa verdad nos permiten tomar el control de nuestra vida y destino. También nos reafirman como seres espirituales, fuertes y poderosos.

Al cabo de años de contemplación, me he dado cuenta de cómo opera este sistema. Estamos dotados con ciertos talentos de manera que, al usarlos, no sólo encontramos la verdadera felicidad y el significado de la vida, sino que también ayudamos a los demás. Aquí, nuevamente, podemos ver de primera mano cómo todo en el universo se interrelaciona e interconecta, incluso los dones con los que venimos a este mundo. Pero el problema en todo esto consiste en descubrir exactamente cuáles son nuestros dones. Más que nada, el proceso de descubrimiento se vinculará con lo que sinceramente queráis lograr en vuestras vidas. ¿Queréis ser sanadores? ¿Queréis enseñar verdades eternas? ¿Queréis componer música bella? ¿Soñáis con encontrar la cura para el cáncer? O tal vez vuestra pasión sea conectar con plantas y animales.

Sin estar al tanto de vuestros deseos más profundos, puedo garantizaros esto: vuestros sueños y aspiraciones son las verdaderas claves que os llevarán a vuestra misión espiritual en la vida, una misión que sólo puede lograrse a través de la aplicación práctica de vuestros talentos intrínsecos. En otras palabras, sea lo que sea lo que os traiga la mayor alegría al corazón, señala la dirección exacta que vuestra vida debe seguir. Sin embargo, aun teniendo esto *in mente*, necesitamos ser flexibles. Porque, según me enseñaron los Seres de Luz, nada está moldeado en piedra.

Puedo daros un ejemplo. Digamos que habéis soñado toda vuestra vida con ser un sanador. Habéis estudiado duramente para ser aceptado en la escuela de medicina. Pero, a pesar de vuestros esfuerzos, no lo lográis. ¿Abandonáis entonces esta idea y vuestro sueño? ¡Definitivamente, no! Se trata de un dilema sagrado. Vosotros tuvisteis un momento de destino y debéis usar esos momentos de destino para azuzar el alma de vuestra creatividad. Friedrich Nietzsche, filósofo alemán del siglo XIX, dijo una vez: «Es preciso tener todavía el caos en vuestra alma para dar a luz una estrella danzarina.»

Vuestros sueños y aspiraciones son las antorchas encendidas que os guiarán hacia vuestra estrella danzarina. Tal vez es sólo el trazado del camino lo que necesita vuestra estrella para empezar a titilar. Convertirse en sanador no se limita a ser médico clínico o cirujano. El arte de curar asume muchas formas e incluye un abanico de estilos y tradiciones. ¿Podría ser que el espíritu necesitara unos cuantos hipnoterapistas o maestros de Reiki, y que vosotros os podrías convertir en uno de ellos? O considerad esto: ¿qué pasaría si aspiraseis a convertiros en cantante, con un millón de fans que os adoraran, pero por el momento sólo conseguís cantar en el coro de la iglesia durante el servicio dominical? Si bien podéis sentiros decepcionados, el Espíritu puede ver esto como la expresión más positiva y significativa de vuestro talento *en el presente*. ¿Quién sabe qué nos depara el futuro? Ninguno de nosotros puede predecir a ciencia cierta lo que sucederá.

La verdadera alegría en la vida proviene de vivir el momento, mientras se aprende a prosperar allí donde uno está plantado, incluso si se piensa que no se está en el lugar apropiado. Y es precisamente este tipo de coyuntura la que os urgirá a retornar al camino del poder. Los pilares espirituales que sostienen el cuádruple camino del poder —oración, creencia, elección y amor— os asistirán para cultivar la paciencia, mientras esperáis ver con claridad de qué manera el Espíritu desea que vuestros talentos se manifiesten.

En la oración, sed específicos, dando gracias por la guía espiritual que os dirija a la perfecta vocación para desarrollar vuestro don de sanar. En la creencia, sabed que encontraréis la verdadera alegría en la expresión de vuestro talento. Mostraros diligentes, mientras permitís que el proceso se desarrolle con naturalidad, al ritmo del Espíritu. Dejad que el amor sea siempre, y de todas las maneras, vuestro guía. A la luz del amor os acercaréis aún más a la realización de vuestros sueños más preciados. Por supuesto, lo mejor es transitar conscientemente por el camino del poder todos los días, a pesar de las circunstancias desafiantes en que os encontraréis. Porque, cualquiera que sea la situación que os enfrente, permanecer fieles al camino del poder os hará sentir mejor y os llevará a dar a luz a vuestra propia estrella danzarina. Éste es el don que os otorga el Espíritu. Vivir vuestro sueño más preciado es lo que vosotros le brindáis al Espíritu.

REFLEXIÓN Y AFIRMACIÓN
PARA LA LECCIÓN CUATRO

Dones espirituales

El Espíritu Santo me ha bendecido con abundantes dones y talentos. Es parte de mi tarea en la Tierra reconocer, fortalecer y utilizar esos dones para lograr mi mayor potencial, por el bien de todos.

Afirmación

Dedico el uso de mis dones y talentos divinamente otorgados a la elevación de la humanidad.

DIECINUEVE

Lección Cinco

>Si vivís la vida para el mañana siempre estaréis a un día de realizaros.
>
>Leo Buscaglia

Elegimos estar vivos en esta época, en este lugar y en este momento de la historia. Nunca antes tuvimos una oportunidad tan gloriosa de exhibir nuestro poder y presencia individuales. Pensad en esto: Cuando alguien nos otorga un don, se lo llama presente. El presente que se nos ha otorgado es el Ahora. Éste es el momento exacto para saber en verdad que podemos cambiarlo.

Llegados a este punto, estoy seguro de que habéis comenzado a captar la importancia de veros a vosotros mismos como seres fuertes, poderosos y espirituales, que elegís —y que habéis sido elegidos— para venir al mundo dotados de una cantidad de talentos. Sin duda, por el bien de ejercitar vuestros músculos espirituales, habéis seleccionado el momento perfecto de la historia de nuestro mundo para apuntalar vuestras proezas cósmicas. Posiblemente, nadie más podría hacer lo que habéis venido a hacer de una manera más positiva y potente. La aceptación de este hecho es uno de los mayores dones que os ofreceréis a vosotros mismos. Antes que luchar para descubrir vuestro destino espiritual y vuestro verdadero objetivo en la vida, respirad y relajaos. No os afanéis; aceptad simplemente vuestro destino divino.

Dondequiera que estéis, justo en este momento, es exactamente donde debéis estar. Y dondequiera que estéis, haciendo lo que hagáis, estáis en una misión sagrada. Estoy absolutamente seguro, porque me han mostrado esa verdad en las Ciudades de Cristal. Los Trece Seres de Luz me han enseñado la importancia de valorar cada instante, porque cada momento tiene un propósito y un significado. A través de sus divinas enseñanzas, recibí la profunda impronta de lo que significa estar presente en el momento, de vivir en el Ahora. No hay mayor poder que el presente. Es lo que en verdad poseemos. Sólo existe el ahora. El ayer no es nada, salvo el recuerdo, y el mañana es sólo un sueño. En este instante, tenemos una gran oportunidad de manifestar nuestro amor, poder y capacidad de orientación a los jóvenes y viejos. Recordad, cómo escribió Richard Bach en *Ilusiones* «Enseñáis mejor lo que más necesitáis aprender.»

En un marco hipotético diseñado por la divinidad, me enseñaron lo fugaz que puede ser la vida. A los veinticinco años, apenas bastó un instante para que yo perdiera la vida, en todos los sentidos. Como consecuencia del rayo, perdí la capacidad de caminar y alimentarme por mí mismo. Por lo tanto, fui despojado del poder para ganarme la vida y, a la postre, se destruyó mi pareja. En realidad, un segundo y medio barrió con todo lo que apreciaba. Un segundo y medio: eso fue todo lo que necesitó el rayo para matarme. Antes de eso, nunca me había tomado el tiempo para pensar en la muerte y en el morir (excepto cuando les di a los soldados la máxima oportunidad de morir por aquello en lo que creían). Inquebrantable en mi convicción de que yo era invencible, así como cree la mayoría, me figuraba que iba a vivir para siempre. Toda mi existencia giraba en torno de lo que yo quería y la manera más fácil de alcanzarlo. ¡Todo era yo, yo y nadie más que yo! Bien, absorto en mí mismo como me gustaba estar, ¡al menos vivía en el Ahora!

Pero, desde una perspectiva más seria, en el verdadero sentido del Ahora, el tiempo y el espacio no existen. En el Cielo, lo que percibimos como pasado, presente y futuro existen simultáneamente. El repaso panorámico de la vida me mostró que todo reside en una cuestión de enfoque. Cuando estamos centrados en el momento presente, entramos en lo que me gusta llamar la seguridad del Ahora. La mejor manera que conozco para alcanzar la verdadera seguridad intrínseca a esa zona consiste tanto en enseñar como en aprender uno de los cuatro pilares del cuádruple camino. Por ejemplo, al aprender y enseñar el poder de la oración, ayudamos a aumentar la capacidad de la humanidad para crear en conjunto concepciones significativas y positivas de la vida, a través del intento consciente voluntario.

Cuando mantenemos deliberadamente nuestra decisión de efectuar elecciones inteligentes, mostramos nuestra naturaleza espiritual de bondad y enteresa. En consecuencia, es fácil ver como nos acerca a los pilares de la oración y del amor la concentración en el Ahora. Cuando rezamos y creemos que nuestra oración será atendida, no hay necesidad de preocuparnos. No tenemos que preocuparnos sobre lo que fue o lo que será. Nuestra oración por alcanzar un resultado perfecto nos transporta a un lugar de paz perfecta, en el momento presente. Seguir concentrados en esa paz, instante por instante, es el desafío, pero también la recompensa.

Lo mismo sucede con el poder del amor. Cuando vivimos en la conciencia del amor, no hay pasado ni futuro. Porque el amor lo conquista todo. Lo perdona todo. El amor divino es intemporal; el verdadero amor es perdurable. En el cuádruple camino del poder, el pilar del amor ocupa un lugar supremo. Jamás la expresión del amor divino ha sido tan necesitada en la Tierra como se la necesita ahora. Como señala la Lección Cinco, jamás hemos tenido en el pasado una oportunidad tan gloriosa de exhibir nuestro poder y presencia individuales. En esta época (la alborada del nuevo milenio), en este lugar (la Tierra: joya de la galaxia), y en este momento de la historia (el parto de un nuevo paradigma espiritual) hemos sido llamados a participar en la última batalla espiritual. Los riesgos son altos, y poseemos el valor para afrontarlos porque estamos comprometidos en la feroz batalla por las almas de los hombres. Nuestro campo de batalla es el paisaje para equilibrar la polaridad, y nuestra victoria será derrotar la creencia en la dualidad.

Buena parte del trabajo espiritual cumplido durante más de los últimos dos mil años fue llevado a cabo con el ánimo de encontrar armonía en el interior de la polaridad. Para alcanzar el nivel de transformación espiritual requerido para ascender a niveles de luz más altos, tenemos que equilibrar la polaridad. Ése es otro aspecto vital necesario para la totalidad divina. La integración interna de lo que consideramos la luz y la oscuridad, el yin y el yang, el amor y el miedo, significa el mayor triunfo en nuestra búsqueda de un desarrollo personal y espiritual, más allá de la tercera y la cuarta dimensión. Nosotros ya estamos en la fase de transición, preparados para desplazarnos entre dimensiones. Lo que nos impide avanzar es nuestra creencia en la dualidad, nuestra confianza en los opuestos. Se nos ha enseñado a ver el mundo en blanco y negro, el bien *versus* el mal. Cuando en el final de los tiempos desaparezca esa predisposición mental antagónica, veremos la predominancia de la oscuridad. Ésa es una parte natural de la transición hacia la unidad o a la polaridad equilibrada. Contrariamente a lo que siempre se nos dijo, la luz para existir no necesita la oscuridad.

Las fuerzas de la resistencia y la discordia parecerán por el momento reforzadas, mientras llevan a cabo su última avanzada de tiranía. Sin embargo, cuando eliminamos nuestra necesidad interior de oscuridad, neutralizamos su poder en el mundo. Nuestra renuncia personal al miedo, la duda y la negatividad en nuestros pensamientos, palabras y acciones causará, a su vez, la disminución de la oscuridad en el mundo. Entonces, observaremos como poco a poco ésta desaparece de la faz de la Tierra. Por medio de la práctica fiel de los cuatro pilares, nos aseguramos de la experiencia de la unidad sobre la dualidad. Existe una consecuencia lógica en el hecho de expandir nuestra conciencia en la realidad de la pureza espiritual: veremos los prometidos frutos de nuestra labor, porque entonces asumiremos nuestro legítimo lugar como portadores de la gloriosa y largamente esperada Edad de la Paz sobre la Tierra.

No os engañéis; esto *está* dentro de nuestro poder. Deteneos en este precioso momento y daos cuenta que seréis *vosotros* quienes realmente haréis el cambio. Permaneced en el Ahora, y haced que los milagros sucedan. Aferraos al momento, y sabed que en este instante podéis efectuar el cambio esperado. Tal vez os estéis preguntando cómo medir un momento. Bien, admito que es relativo. Un momento para nosotros puede ser un segundo aislado, congelado en alguna parte del tiempo, un mero guiño de ojos. O puede ser un día entero. Sin embargo, para un ángel, un momento puede durar un millón de años. Sin importar cómo decidís medirlo, un momento es una oportunidad para hacer conocer vuestra presencia. Y a través de la adopción y aplicación de los cuatro pilares, podéis emplear este único momento para hacer un cambio positivo.

En el análisis final de nuestras vidas, nos juzgaremos de acuerdo con la mejora que hayamos provocado en cada acontecimiento y en cada persona que nos hayamos cruzado en nuestro camino. Ésa es la clave para concluir con éxito nuestra común búsqueda espiritual de significado. Cada vez que aspiráis y cada vez que espiráis es una oportunidad para el cambio emocional, el crecimiento espiritual y el despliegue de lo divino. Porque aspiramos para nosotros mismos y espiramos para el Espíritu. En el espacio sagrado entre la aspiración y la espiración de nuestra fuerza vital reside el Espíritu. En esa pausa santa y mística entre respiraciones, hallamos el hogar de nuestra divinidad y el lugar de nacimiento de todos los milagros. Cuando decidimos usar cada momento para ayudar al otro, aprovechamos el día vinculándonos con el poder de la naturaleza espiritual interior. Tomaos el tiempo para sentir vuestra fuerza y expresar vuestros dones. Al hacerlo, vosotros os convertís en el presente del Ahora.

REFLEXIÓN Y AFIRMACIÓN PARA LA LECCIÓN CINCO

EXUBERANCIA

En todo el cosmos, no hay nada más emocionante que la presencia de la exuberancia espiritual. Al gozar de los destellos de esa calidad grandiosa, uno es transportado mágicamente al reino celestial. Emanar exuberancia espiritual es emular la naturaleza apasionada del principio creativo universal. De todas las maneras posibles, trataré de traer exuberancia a las tareas de mi vida, a mi ser personal y a mi espacio sagrado.

AFIRMACIÓN

El poder y la gloria del Espíritu se evidencian en mi exuberancia por la vida.

VEINTE

Lección Seis

> Recuerda dónde has estado y sabe adónde estás yendo. La vida no es una carrera, sino un viaje para saborear en cada etapa del camino.
>
> Nikita Koloff

Antes de venir a este mundo existimos en el otro. Es bello. Es seguro. Es acogedor. El fundamento de ese mundo es que seamos amados, valorados y apreciados.

Imagino que leéis este libro porque estáis interesados en el tema de la vida después de la muerte. En este capítulo, intentaré compartir con vosotros lo que sé sobre la calidad y la atmósfera de la vida que precede a ésta. No poseo las palabras que puedan describir adecuadamente ese dominio. Sin embargo, trataré de expresar lo que he sido capaz de discernir a partir de mi experiencia en el otro lado. Creo que para captar la sorprendente aventura que llamamos vida, es importante que le echemos una profunda mirada reflexiva al mundo del que venimos. Las misiones de grandeza que hemos elegido cumplir aquí y ahora son el resultado directo de la extraordinaria claridad espiritual que obtuvimos en el mundo anterior. El tiempo que vivimos en ese reino se decide sobre una base individual. Sin embargo, la realidad de ese campo espiritual demuestra que la creencia de que fuimos creados en el nacimiento es un mito.

Antes de haber entrado en este mundo con una forma física, hemos vivido en la magnificencia y protección del útero divino. Esa experiencia de seguridad envolvente es una prueba de que estamos más familiarizados con ese lugar sagrado que con cualquier otro lugar en el que hayamos podido estar. Dentro del santuario espiritual del mundo anterior, siempre hemos sido considerados como seres preciosos. Allí nos amaron y valoraron. El útero universal está más allá de toda realidad dimensional que podamos concebir. Existe en el precipicio de todos los principios y se yergue en el portal del infinito.

En nuestra vida anterior a la vida, nos inunda la energía de la pureza espiritual. En consecuencia, nuestras almas están imbuidas con la integridad de la divina inocencia. En ese refugio de santidad, experimentamos los orígenes primordiales de vida, mientras el calor de la eterna verdad se derrama sobre nosotros. Por ello, estamos obligados a ampliar nuestra conciencia dentro de un marco especialmente diseñado para la progresión universal del amor y la compasión.

Nuestro tiempo pasado en el útero cósmico está estructurado para evolucionar. En ese preciado ambiente de iluminación, llevamos a cabo la ardua tarea de la excavación del alma. Exploramos los estratos más profundos del ser para sacar a la luz nuestros yos más auténticos. De ese modo, llegamos a percibir nuestra íntima y poderosa conexión con todo lo que existe en el universo. El programa de nuestra evolución espiritual está amorosamente diseñado en el mundo anterior. Cada lección necesaria para el crecimiento del alma ha sido escrupulosamente planeada en ese reino divino.

En el mundo anterior a éste, nuestro progreso espiritual es medido con esmero y su avance, cuidadosamente calculado. Nosotros permanecemos conectados con ese reino para siempre, ya que, según creo, aun cuando elegimos tomar un cuerpo físico y una vida, un aspecto de nuestro ser eterno permanece en ese reino. Y ésta es una de las razones por las que podemos comunicarnos con nuestros seres queridos ya fallecidos, así como con otras dimensiones y realidades. Al entrar en el plano terrestre lo hacemos con un determinado rumbo de acción. Cuando elegimos dejar el útero universal, entramos en el reino físico para participar activamente en la ejecución del plan divino para la evolución espiritual. Sin embargo, las elecciones que hacemos determinan, en última instancia, cómo llegaremos a nuestro destino, un destino que ha sido decidido en el mundo anterior. Cada estadio de nuestro destino espiritual ha sido amorosamente preparado para asistirnos en el cumplimiento de la providencia: la creación del Cielo en la Tierra.

REFLEXIÓN Y AFIRMACIÓN PARA LA LECCIÓN SEIS

Erudición

No puedo confiar en la apariencia del presente para predecir el futuro. Cuando sé en mi corazón, resueltamente, adónde quiero ir y qué es lo que quiero lograr, no hay desafíos que puedan detenerme.

Afirmación

Mi erudición me dice que mis sueños fueron soñados primero para mí por el Espíritu.

VEINTIUNO

Lección Siete

> Ver en la muerte el final de la vida es como ver en el horizonte el final del océano.
>
> David Searls

Hay un mundo que existe antes que éste. Es el mismo mundo que dejamos para venir aquí. Lo que dejamos en el mundo físico es la unicidad de nuestra marca divina. Y lo que traemos con nosotros al próximo mundo es la comprensión de cómo y por qué esa marca divina era nuestro único destino.

Lo que designo como el mundo del Más Allá es el lugar al que volveremos todos después de la transición a la que llamamos muerte. Es también el mundo que dejamos para permitir que nuestras almas nazcan en esta vida. De modo que el mundo anterior y el mundo del Más Allá son uno y el mismo. Sin embargo, una diferencia muy importante los distingue. La diferencia reside en el sistema de envío: la entrada al Cielo y la salida están estrictamente controladas. Hay estaciones de tránsito muy elaboradas, manejadas con todo rigor. Esas cámaras divinas de purificación se mantienen con sumo cuidado mediante la colaboración de la jerarquía espiritual. He leído que la gente que recuerda el momento de su nacimiento afirma con vehemencia que es mucho más difícil venir a este mundo que dejarlo. ¡Yo también lo creo!

Pero pensemos en esta cuestión: sólo durante el espacio de nuestras vidas, más de seis mil millones de personas han dejado el Cielo. Cada una de esas almas terminó en el cuerpo correspondiente, con la familia correspondiente, en el país correspondiente (¡aunque tengo que admitir que mi familia a menudo se preguntaba de dónde había salido yo y por qué tenían que vivir conmigo!). De acuerdo con el protocolo divino, todas las almas que entran en el Cielo desde el dominio físico, así como aquellas que están listas para partir al Cielo, son clasificadas y categorizadas según su nivel de conciencia y destino final. Esas impecables puertas de entrada y de salida están localizadas entre la realidad física presente y los territorios cósmicos del Más Allá.

Nuestra experiencia en esas cámaras de purificación divinas es la de una suave limpieza cósmica. Más específicamente, estamos calibrados en la frecuencia vibracional de la inocencia mental que actúa para limpiar nuestras mentes temporalmente de toda memoria innecesaria en la vida por venir. Una de las razones para vivir en el plano físico es aprender, crecer y madurar espiritualmente en un estado de amor incondicional. Si tuviéramos conocimiento y memoria completa de todo lo que somos y de todo lo que hemos hecho, el trabajo que tenemos que cumplir en la Tierra se vería debilitado. Nuestra atención podría verse distraída por atisbos del pasado, provocando que nuestra misión actual se resintiera. Entonces, el velo del olvido es una exención divina. A medida que el proceso de partida del mundo tiene lugar, cruzamos a través del velo del olvido para comenzar una vida prístina. Sin embargo, nacemos en este mundo con una memoria celular codificada a partir de disparadores específicos. Durante el curso de nuestra vida, esos chispazos de inteligencia espiritual impulsan al alma a reclamar y desarrollar sus talentos. El ritmo de liberación de esas memorias cósmicas está rigurosamente calculado para que ocurra con precisión.

Cuando el alma acumula un grado suficiente de logros en determinado nivel, se libera más memoria del alma del subconsciente para llevarla al próximo nivel. En la Universidad de la Vida, progresamos de un nivel o grado hasta el próximo en sucesión. Sin embargo, como sucede con frecuencia, un estudiante puede repetir un curso, incluso más de una vez, antes de perfeccionarse en una lección determinada. En el corazón del Espíritu eso no importa. Todas las lecciones deben ser aprendidas a la perfección, más tarde o más temprano. El Espíritu tiene sólo dos opiniones sobre nuestro progreso espiritual: bueno o muy bueno. Incluso nuestros errores sirven para hacernos más fuertes y sabios. Entonces la rueda de la vida continúa girando hasta que el alma completa su tarea terrenal. Esto puede tomar un día o cien años. Cada alma y cada misión son únicas. Os aseguro que cada uno de nosotros terminará exactamente donde debe estar al final de su vida, sin que importe lo que eso sea. El plan divino ha hecho concesiones para cada contingencia imprevista que podamos oponerle. El universo es lo suficientemente sabio para conocer que, sin tener un conocimiento completo de por qué estamos aquí, es probable que lo echemos a perder. Sin embargo, la buena noticia es que el desarrollo de la perfección universal es un don absoluto. Todo resultará de la forma en que el Espíritu lo ha planeado. Por tanto, podemos dar guerra y resistirnos todo lo que queramos; la voluntad del Espíritu lo logrará, sin importar lo que decidamos hacer.

En consecuencia, cuando llegamos al momento previamente ordenado de abandonar la vida presente, nos elevamos por encima de nuestro cuerpo, observándonos desde una perspectiva ventajosa, más allá del ego y de la fragilidad humana. Desde esa posición elevada, de pura observación objetiva, nuestras almas pueden contemplar un panorama maravilloso de conciencia espiritual. Se nos otorgan unos pocos momentos para centrarnos antes de ser trasladados a otra dimensión más allá. En ese momento, nos hacemos uno con la perfección del universo. Nuestra conciencia de inmediato percibe el orden divino en todas las cosas sin que experimentemos miedo durante la transición. Toda vida es conciencia y, dado que nos expresamos como conciencia, somos capaces de manifestarla en diferentes niveles. Cuando morimos a la conciencia del reino físico, nos traducimos a nosotros mismos en la conciencia de un reino superior y más vasto.

Aunque hay una pequeña y momentánea pausa que nos ayuda a adaptarnos para dejar esta vida, hay también una gran parte de nosotros que está más que ansiosa de ser liberada, porque sabemos que estamos volviendo a casa. Sin duda, un aspecto de nuestra alma inmortal recuerda el camino y se regodea ante la perspectiva del regreso. La muerte no es el final. No es más que un final, como lo es el paso al último curso de vuestra carrera académica. En uno y otro caso se trata sólo de nuevos comienzos, que nos llevan a un sistema de aprendizaje más avanzado y sofisticado. La energía de la vida (la conciencia) es eterna. Nada puede destruirla y, deliberadamente, está destinada a expandirse para siempre. A título personal, el proceso de transición me pareció fascinante. Después de que el rayo recorriera mi cuerpo quemándolo y saliera con mi alma, me elevé en línea recta fuera de mi cuerpo (a través de mi pecho) y quedé flotando por encima de la escena que se desarrollaba debajo. Mientras los amigos intentaban revivir con desesperación mi cuerpo chamuscado, yo los observaba desde arriba. Bañado en un aura de paz, me sentía acompañado por una sensación de extremo desprendimiento.

Era como estar mirando una película. La acción me parecía interesante, pero para nada la veía como algo personal. Al cabo de algunos minutos de esa visión a vuelo de pájaro, tuve la intuición de una espiral de luz que se estaba formando sobre mi hombro. En el instante mismo en que le presté atención, me transformé en una parte de ella. Dentro de esa energía arremolinada, me percibí a mí mismo dentro de algo así como un túnel. A la distancia, pude ver una luz brillante y bella fulgurando al final del túnel. Cuando alcancé la luz, me encontré con un Ser que me abrumó con amor incondicional. Mi único deseo era sumergirme en la lujuriosa felicidad que ese estado de ser me proporcionaba. No podía recordar haber conocido nunca ese tipo de euforia sensual y extática. Pero, una vez que la sentí, no tenía intención de abandonarla jamás. Lo juro. Luego vino el repaso panorámico de mi vida y a ello dedicaré por entero el siguiente capítulo.

Como he dicho, fui devuelto a mi vida contra mi voluntad. Tenía una misión que cumplir y no se me permitiría quedarme en la luz hasta haberla llevado a cabo. En gran parte, mi misión se ha cumplido a través de mi trabajo con la muerte. He sido un voluntario en las residencias para enfermos terminales durante casi treinta años. He acumulado más de dieciséis mil horas junto a los lechos de los pacientes, y he acompañado a 348 personas (incluidos mis padres) mientras daban su último aliento. En muchos casos, he sido testigo mientras se elevaban de sus cuerpos y se adentraban en el túnel.

Debido a mi trabajo de voluntario en las residencias, y especialmente con nuestros veteranos de guerra, he adquirido una formación muy completa sobre lo que se necesita hacer en la preparación de los muertos. Ya se trate de enfrentar nuestra muerte o la muerte de alguien a quien amamos, hay ciertos pasos que tenemos que dar a través del proceso del duelo. Este proceso fue esbozado por primera vez por la finada doctora Elisabeth Kübler-Ross. Elisabeth fue una querida amiga y, en este mundo, se la extraña mucho. De hecho, seguirá siendo para siempre una verdadera heroína de nuestro tiempo.

En 1969, Elisabeth escribió el libro *Sobre la muerte y los moribundos*. En esta obra innovadora, ella fue la primera en delinear los cinco estadios psicológicos de los moribundos: negación, enfado, negociación, depresión y aceptación última. Cada uno de nosotros va a perder a alguien a quien ama. Cada uno de nosotros va a tener que enfrentar su propia muerte. Sabiendo eso, todos necesitamos conocer los cinco estadios de los moribundos. Además, es necesario minimizar la sensación adicional de trauma y confusión que puede crear la muerte. Por eso, tenemos que dedicarle tiempo y disponernos anticipadamente, de manera que nuestras familias no tengan que enfrentarse al horror de nuestra falta de preparación. Debido a que la transición desde este mundo al próximo puede ocurrir sin aviso, como adultos responsables debemos asegurarnos que ciertos elementos clave están en su lugar. A continuación hay una lista para que la uséis como guía.

Aseguraos de tener:

1. Un testamento personal que estipule vuestros deseos finales (dónde queréis ser enterrados o, si preferís, incinerados) y a quién le dejáis vuestros bienes.
2. Un testamento vital que indique los tratamientos médicos que queréis y los que no queréis recibir.
3. Un apoderado que tome todas las decisiones médicas que tal vez no podáis tomar por estar física o mentalmente incapacitados.
4. Pólizas de seguro y documentos económicos actualizados, así como el lugar donde puedan ser fácilmente localizados.
5. Una parcela o un nicho comprados con anticipación, y un seguro de entierro, si no queréis ser incinerados.
6. Por último, y lo más importante, una vida de amor y alegría como vuestro último legado.

Con esta cuidadosa preparación para lo inevitable, liberamos nuestras mentes para que puedan disfrutar de la vida con mayor plenitud. Cuando la muerte se convierte en una realidad ante la pérdida de los seres queridos, la clausura del duelo es un tema de gran importancia. Al resolver por anticipado los ítems enumerados arriba, permitimos que todos los afectados por la pérdida logren clausurar el duelo con mayor facilidad. Se dice que, aunque quedar en buenos términos con la pérdida lleva a la persona un promedio de dos años completos, curarse de ésta puede tomar mucho, mucho más. No hay una manera buena o mala de lidiar con la pena, ni tampoco hay límites temporales para nuestra tristeza. La ternura y la paciencia deben ejercitarse con uno mismo y con los demás, mientras atravesamos el fenómeno natural de la muerte y el morir.

Una vez que todo esté en orden, tenemos que observarnos si estamos o no practicando los cuatro pilares del poder: oración, creencia, elección y amor. Este sencillo programa puede significar una enorme diferencia en la calidad de vida que experimentaremos en los próximos años de cambio. Si nos concentramos en evolucionar espiritualmente y en darnos cuenta de los temores de la vida por venir —no de la muerte—, podemos vivir vidas plenas de amor y compasión. En el próximo capítulo, compartiré con vosotros la sabiduría del repaso panorámico de la vida y cómo podemos prepararnos para ello mucho antes de experimentarlo.

REFLEXIÓN Y AFIRMACIÓN
PARA LA LECCIÓN SIETE

Recordando a los que se fueron

Hay un legado de entendimiento y amor dejado atrás por cada alma que alguna vez caminó sobre la Tierra. Porque ninguna vida ha sido jamás desperdiciada. En mi vida brilla cada lección alguna vez brindada por un alma amiga. Hoy me tomo tiempo para recordar a aquellos seres queridos que se aventuraron más allá de este dominio, dejando detrás de sí una plétora de ingenio y sabiduría, de los cuales podría sacar un poco de fuerza y serenidad.

Afirmación

Hoy contemplaré las vidas de los que se fueron y daré las gracias por los invalorables dones que sus vidas me han legado.

VEINTIDÓS

El repaso panorámico de la vida

> Le diré un gran secreto, querido amigo: no espere usted el juicio final, éste tiene lugar todos los días.
>
> ALBERT CAMUS

En el instante de transición de nuestros cuerpos físicos a nuestros cuerpos de luz, se corta un cordón de plata que nos une a la tercera dimensión. Con la separación del cordón, el alma se libera y volvemos a ser libres. Con todo, todavía hay un protocolo amoroso para conducirnos a través de los pasos restantes de nuestra transición desde aquí al Más Allá. Elevarse por sobre el cuerpo y desplazarse por el túnel no exigen esfuerzo alguno de nuestra parte. Pero, cuando llegamos a la luz al final del túnel, está por comenzar un juego enteramente nuevo.

Como se ha dicho en la Lección Siete: Lo que dejamos en el mundo físico es la unicidad de nuestra marca divina. Y lo que llevamos con nosotros al próximo mundo es la comprensión de cómo y por qué esa marca divina era nuestro único destino. Sé que ésta es la verdad, aunque muchas almas parten de este mundo hacia el Más Allá sin una comprensión consciente de la marca única que poseen. Aquí es donde entra el repaso panorámico de la vida. Cuando hacéis un repaso panorámico de la vida, revivís vuestras vidas, en un panorama de trescientos sesenta grados. Con sorprendente detalle, veis todo lo que pasó alguna vez. Por ejemplo, podéis contar el número de pelos en la nariz del doctor que os recibió cuando nacisteis. Incluso podéis ver cuántas hojas había en el árbol del patio delantero cuando teníais seis años y jugabais en el césped. Literalmente, revivís todo.

Luego, contempláis vuestras vidas desde el punto de vista de una segunda persona. En nuestra sociedad se nos enseña a ser simpáticos con los demás, pero desde el punto de vista de una segunda persona lo que sentís es empatía, no simpatía. De esa forma, os convertís en cada persona con la que os habéis cruzado alguna vez. Experimentaréis qué tal es sentirse siendo esa persona, y sentiréis los resultados directos de las interacciones entre vosotros.

Cuando pasé por mi primer repaso panorámico de la vida, me convertí en la gente a la que había herido física y emocionalmente, sintiendo cada matiz del daño que les había causado. Pero durante mis dos repasos siguientes fui capaz de experimentar la paz y la enorme gratitud de mis pacientes en las residencias cuando dieron su último aliento entre mis brazos. ¿Conocéis la historia del Libro del Juicio Final? Cuando hacéis vuestro repaso panorámico de la vida, sois vosotros los que estáis juzgando. Y creedme, sois los peores jueces que alguna vez tendréis.

También es importante entender que ese juicio no está vinculado a un castigo. Una vez que se experimenta lo que es revivir la propia vida y se juzga lo que uno cree que podría haber hecho de manera diferente, se acabó. De inmediato, se elimina del recuerdo toda culpa, tristeza y remordimiento. En el análisis final, muy pocas son las cosas que importan de la vida que habéis dejado atrás. Lo definitivo no son los errores que cometisteis; lo que le importa al Espíritu es cuántas veces estuvisteis dispuestos a ayudar a los demás a través del amor, la bondad y la compasión. El amor que entregasteis y el potencial de amor que habéis inspirado en los otros son la unicidad de vuestra marca divina. Con vuestra muerte, lo único que legáis al mundo es amor, y es amor lo único que traéis con vosotros de vuelta al Hogar, como contribución a la expansión de la conciencia divina. Sólo el amor es real, tanto aquí como en el Más Allá. Crear un cambio positivo en la vida de los demás es el fundamento espiritual de nuestra existencia humana.

Inspirar amor en los demás, alentarlos a soñar y fortalecerlos para que mantengan viva la esperanza son los logros más bienaventurados. Nuestros actos de bondad producen la mejor impresión en el Espíritu. Una sonrisa brindada a un desconocido, una palmada en la espalda de un amigo apesadumbrado, o una comida preparada para un enfermo son las verdaderas marcas de la compasión en acción. La meta que todos debemos perseguir es aprender a vivir y amar desde ese lugar de virtud inocente. Cuando alimentamos nuestros corazones y mentes con la energía de la generosidad desinteresada, logramos alcanzar la meta última, porque, al hacerlo, ayudamos a elevar la conciencia espiritual a los niveles más altos del Cielo. Cuanto más alto es el número de momentos de amor espontáneo que inmortalizamos aquí, más altos son los niveles de conciencia en los que habitaremos cuando alcancemos el Más Allá. El único objetivo del repaso panorámico de la vida es servir como una herramienta imparcial para ayudarnos a medir el crecimiento espiritual que hemos alcanzado en nuestra vida. Esto determina qué umbral de conciencia estamos preparados a cruzar cuando entremos en el Cielo.

Lo que me pareció fascinante a partir de mis propios repasos panorámicos de la vida son las muchas maneras en que éstos pueden enriquecer nuestra existencia de este lado del velo. Si ponemos en práctica sistemáticamente el mismo sistema de análisis equilibrado empleado en el repaso celestial de la vida, podemos alcanzar un estado de potenciación vital. El conocimiento completo sobre cómo funciona el sistema nos permite perfeccionar nuestro destino día tras día. Tener ese calibrador cósmico a nuestra disposición es un don impagable, pero sólo si tenemos la sabiduría de ponerlo en práctica. Os aconsejo buscar conscientemente las oportunidades de expandir vuestro amor y compartir vuestra alegría.

Imaginaos a vosotros mismos como guardianes o auxiliares de la Tierra, trabajando para proteger y nutrir el medio ambiente global. Adoptad un animal sin hogar. Dedicad una parte de vuestro tiempo semanal para realizar trabajos como voluntario. Son apenas unas pocas acciones amorosas del abanico que podéis llevar a cabo para garantizar que tengamos el efecto más positivo en todos los niveles de conciencia que nos rodean. Dado que vuestros más altos niveles de conciencia os han guiado para leer esta información sobre el repaso panorámico de la vida, habéis recibido un gran don.

Debéis tener también una gran responsabilidad porque mucho se espera de aquellos a quienes les fue otorgado ese don. Para el bien de todos, emplead el repaso panorámico en vuestra vida cotidiana, de manera sistemática y juiciosa. Recordad, por otra parte, que tendréis la oportunidad de convertiros en cada una de las personas que habéis amado o dañado. Sabiendo esto, ¿de qué manera cambiaríais el modo en que habéis tratado a la gente, a los animales o incluso a las plantas y objetos a lo largo de vuestra vida? Todos debemos considerar seriamente la cuestión. Ningún pensamiento, palabra o hecho queda sin registrar en el universo. Entonces, nos incumbe a todos actuar con el corazón y la mente abierta antes de contemplar el DVD de la historia de nuestra vida.

Hay un incentivo más para trabajar día a día con el sistema de repaso de la vida. Éste nos otorga una forma de salir del espacio azul-grisáceo del estancamiento espiritual. Con el correr de los años, yo me había quedado anclado a la realidad de ese duro territorio que existe entre los mundos. Sin duda, me aterrorizaba darme cuenta de que estaba construyendo mi propia autopista hacia el Pueblo Azul-Grisáceo. Cada kilómetro de esa carretera se construía con mi apatía, mi amargura y mi cinismo. Ahora que he tomado conciencia de lo que estuve haciéndome a mí mismo en todos esos años, quiero hacer todo lo necesario para que vosotros no cometáis el mismo error. El territorio azul-grisáceo es un estado intrascendente de limbo prolongado que puede ser evitado por completo. A través de la práctica del repaso cotidiano de la vida podemos operar en planos astrales.

Ser conscientes de nuestros pensamientos, palabras y actos, y estar atentos a la influencia que tienen en la energía vital que hay a nuestro alrededor, es como dar un paso hacia nuestra divinidad, un día por vez. De esta manera sencilla, ayudamos a crear el lazo entre el Cielo y la Tierra. Ésa es la principal razón por la que trabajo en residencias para enfermos terminales. Es un acto de amor divino con forma humana. Ofrezco mi fortaleza y mi coraje como si fuera un ser divino. Al lado del lecho trato de proteger y confortar a los moribundos. Me aseguro de que no estén solos. Si pueden hacerlo, los guío para que hagan un repaso de su vida, abran sus corazones y pierdan el miedo a la inminente transición. Influyo positivamente no sólo en la persona que abandona este mundo, sino en la familia que deja atrás. El repaso panorámico de mi vida me hizo comprender que ésa es mi marca única y divina. Incorporar el repaso de la vida dentro de vuestra agenda diaria de prácticas espirituales os ofrecerá esa misma comprensión y muchas más.

Veamos ahora cómo ejecutar el repaso cotidiano de la vida. Me parece que el momento inmediatamente previo a la hora de acostarse es el mejor para practicar los ejercicios de repaso. Me aseguro de estar listo para ir a la cama, dado que el repaso con frecuencia me sosiega hasta dejarme profundamente dormido. A fin de disponer el clima apropiado para el repaso, pongo música New Age con ritmos celestiales. Una vela de luz tenue y aromaterapia con olor a lavanda contribuyen a crear la atmósfera. Por supuesto, esa estética celestial para crear un ambiente angelical depende por completo de las preferencias personales (a menos que padezcáis un trastorno de hiperactividad con déficit atencional, que según mi esposa es lo que yo sufro, probad con un par de ambientes para ayudar a concentraros). Luego, por lo general, hago algunos estiramientos suaves. Es importante limpiar el desorden de la mente tal como lo haríais antes de meditar, de modo que debéis respirar hondo unas cuantas veces. Ahora ya estáis listos para empezar el repaso nocturno de la vida.

- Pensad en el día y repasad los acontecimientos que ocurrieron de modo espontáneo y por los cuales podéis consideraros benefactores. (Por ejemplo, ¿le habéis abierto la puerta a alguien, o habéis puesto dinero de más en el parquímetro para el próximo coche?)
- Pensad en los acontecimientos espontáneos del día, cuando otros fueron benevolentes con vuestras vidas. Agradeced y respirad hondo. Habéis activado ahora vuestro reconocimiento espiritual del flujo de divinidad desde las dimensiones más altas hasta ésta.
- Evaluad qué acontecimientos podríais haber manejado de manera distinta. Poneos en el lugar de la otra persona para comprender su punto de vista. Si es posible, perdonaos y rodead la situación con luz. Aseguraos de hacer las enmiendas necesarias.
- Decid vuestras oraciones (vuestros intentos conscientes voluntarios) y dormíos.
- Como primera cosa por la mañana, revisad las cosas favorables. Un estado consciente de gratitud

crea a vuestro alrededor un campo magnético vibratorio que os servirá para atraer más bendiciones a lo largo del día.

También descubrí que confeccionar listas de cosas para hacer me ayuda a mantenerme en la senda. Por supuesto, tomé la idea de todas las listas que me escribe mi mujer, pero, a pesar de ello, funciona. Nuestras mentes necesitan estar entrenadas para buscar las oportunidades de ayudar a los demás. Con ese fin, hacer una lista diaria de las cosas que queremos realizar puede ser un recurso vital. Nuestra vida espiritual es tan importante como todo lo que hacemos físicamente para mantenernos bien nosotros y el mundo en que vivimos. Tomarse el tiempo para practicar el repaso diario de la vida no sólo profundizará vuestra conexión con los reinos superiores, también creará un flujo de alegría y belleza en vuestras vidas, muy distinto de todo lo que podríais imaginar. Las inmutables leyes universales de atracción y correspondencia están activas cada minuto de cada día. De manera constante, atraemos gente y circunstancias a nuestra realidad personal, a partir de las formas de pensamiento que proyectamos y la energía amorosa que expandimos. Lo mismo se aplica a la energía no amorosa. Estas energías se acumulan más allá de la duración de nuestras vidas, de modo que, durante nuestra transición, el repaso panorámico de la vida nos pone frente a frente con los efectos reales que aquéllas produjeron. Hoy mismo debemos comenzar a asegurarnos de que, cuando llegue el momento de la verdad, la vida que repasemos esté llena de brillantes ofrendas a la evolución espiritual de Todo Lo Que Es.

CONCLUSIÓN

Si es verdad, ¿qué haremos?

> Cuanto más amor damos, mayor es nuestra capacidad de darlo.
>
> Doctor DAVID HAWKINS

Al escribir este libro, mi intento consciente voluntario fue compartir el conocimiento y la comprensión que había obtenido a lo largo de mi vida y como resultado de mis tres muertes. El motivo que me impulsa a compartir este conocimiento es vuestra potenciación. Quiero que sepáis que potenciaros está a vuestro alcance. Los pilares del Cuádruple Camino al Poder (amor, elección, creencia y oración) funcionan mejor para elevar vuestra calidad de vida, tanto aquí como en el Más Allá, cuando se aplican diariamente. Además, creo que la comprensión consciente y la aplicación de Las Siete Lecciones pueden infundir en vosotros una sensación de fuerza reveladora que os inspirará a vivir con genuina vitalidad, determinación y gratitud.

Una meta principal en nuestras vidas debe ser aumentar la habilidad y la capacidad de amar. Gracias a lo que aprendí del otro lado, pienso que esta meta se puede alcanzar con más facilidad si aplicamos (ya sea a través de la enseñanza o del aprendizaje) los pilares y las lecciones en cada situación en que nos encontremos. Dado que ahora entiendo la vida como una universidad diseñada para un aprendizaje más elevado, también comprendo que se nos pondrán obstáculos a nuestra capacidad de amar. Pero eso sin duda nos hará más fuertes, tanto emocional como espiritualmente.

Es imperativo que no temamos a los desafíos que hemos atraído para promover nuestro crecimiento. Armados con gratitud y buena disposición, no hay montaña que no podamos escalar para alcanzar el pináculo de nuestro poder espiritual. Cada obstáculo que encontremos será una oportunidad para la evolución espiritual.

Una vez que hayamos alcanzado ese nivel de conciencia más elevado, el próximo paso de nuestro desarrollo espiritual consiste en realizar nuestros dones otorgados por el Espíritu, como las capacidades psíquicas e intuitivas. Para lograrlo, es necesario hacer una lista de los dones que deseamos obtener. Y por experiencia os digo que podemos alcanzar esa clase de dones. ¿Queréis ser telépatas? ¿Deseáis comunicaros una vez más con vuestros seres queridos muertos? ¿Os gustaría armonizaros con la frecuencia dimensional más alta de las Ciudades de Cristal? ¿O queréis comunicaros con los animales?

Sin importar cuál pueda ser vuestra aspiración personal, lo importante es articularla y tenerla firmemente plantada en vuestro corazón y en vuestra mente. Si estáis concentrados mental y emocionalmente, alcanzaréis con más rapidez la realización de vuestro deseo. Comprended que vuestros pensamientos son formas poderosas de energía. Los pensamientos concentrados son aún más poderosos y pueden manifestarse con mayor velocidad. Ese método celestial está a vuestra disposición con el único objeto de realizar vuestros sueños y deseos. Día a día, habituaos a concentrar vuestra energía positiva sobre lo que deseáis alcanzar, en lugar de ponerla en aquello con lo que no deseáis encontraros. Anotad vuestros deseos en un pedazo de papel o en una tarjeta, y ponedlos donde podáis verlos cada día.

Recordad que lo que buscáis, os busca. Cada deseo apremiante de vuestra alma es un aspecto sagrado de vuestra misión divina. Es un don que el Espíritu ha planificado a fin de que lo cultivéis y reveléis para mayor bien de todos. Nada de lo que hacemos en la vida se hace meramente para satisfacción de los deseos propios. Desde la perspectiva espiritual más elevada, lo sepáis o no, todas las acciones de la vida se llevan a cabo para el avance de la conciencia colectiva de la vida. Más aún, la conciencia colectiva a la que me refiero es universal y, por consiguiente, incluye todas las otras dimensiones y reinos. Entender esto permite la comprensión de que no hay un diferencial espacio/tiempo. Todo el tiempo está ocurriendo en el Ahora. La mecánica cuántica nos permite entender que es posible comunicarnos con el otro lado, ya que, en realidad, nunca nos hemos separado o desconectado del Cielo. Todavía permanece allí un aspecto de nuestro eterno yo, y el amor actúa como el conductor a través del cual podemos hacer contacto con el otro lado.

Como consecuencia de mis muchos años de trabajo en clínicas y residencias, he hallado un sistema muy efectivo de comunicación transdimensional. También es muy sencillo. Veréis, nuestro éxito para establecer contacto con los seres queridos muertos se relaciona con nuestra motivación para desear hacerlo. Si lo que nos inspira es el egoísmo, la codicia, la ira o la culpa, es probable que fallemos en nuestros intentos de alcanzar a quienes están en el Más Allá. La negatividad no tiene lugar ni poder en los reinos más elevados. Para levantar el velo que hay entre los mundos, es necesario que nos indique el camino un sentimiento de amor y celebración. La alegría y la luminosidad unirán la brecha que hay entre esta vida y la otra mucho más rápidamente que la preocupación y la tristeza.

Concentrarse en el amor y la risa que hemos compartido con aquellos a quienes deseamos contactar es la clave para el éxito. Los reinos más elevados y las dimensiones que los rodean pueden sentir la calidad vibratoria de las energías que proyectamos. Dolor, culpa e ira son energías pesadas que sólo tienden a engrosarse cuando abandonan el mundo físico. Por ello, no están a la altura de las circunstancias y nunca alcanzan los reinos más elevados.

Podéis potenciaros para alcanzar a un ser querido más allá del velo. Primero, sed pacientes con este proceso, porque lleva tiempo y necesita ser perfeccionado. En muchos aspectos, esta práctica es similar a los pasos seguidos durante el repaso panorámico de la vida: lo más importante surge de un cambio consciente en vuestra intención. Sugiero que, ya sea a la salida o a la puesta del sol, os sentéis en silencio, puesto que el velo entre los mundos es más fácilmente penetrable al amanecer o al crepúsculo.

Colocad un bol de cristal o de vidrio transparente con agua destilada sobre una tela blanca (que representa al Espíritu) o púrpura (que representa los reinos más elevados) frente a vosotros. El agua actúa como un conductor eléctrico para ayudar a que el espíritu de vuestros seres queridos navegue entre las dimensiones. Encended una vela de cumpleaños (que representa la energía vital de la personalidad humana) con el color favorito de la persona a la que deseáis contactar. Si no estáis seguros del color, elegid vuestro propio color favorito o blanco, el color de la pureza. Quizás os guste poner música suave y quemar incienso para aumentar el carácter de este ejercicio espiritual. Poned ante vosotros una foto de vuestro ser querido fallecido o sostened su objeto favorito en vuestras manos y pensad detenidamente en lo que esta persona trajo a vuestras vidas. El acto de concentrarse en aquello por lo cual uno está más agradecido mejora profundamente el proceso de comunicación transdimensional. Fijaos en la llama para ayudaros a mantener vuestra concentración. Inspirad profundamente un par de veces, prestad atención al ritmo de vuestra respiración y simplemente relajaos.

Luego, comenzad a revivir algunos de los recuerdos más apreciados que habéis compartido con la persona en cuestión. Recordad las ocasiones especiales llenas de risas, o los veranos en familia rebosantes de amor. Ésos son momentos que quedan grabados para siempre y que dejan una huella vibratoria capaz de alcanzar a través de la distancia a vuestro ser amado y traerlo hasta donde estáis vosotros. Mientras mantenéis en vuestra mente esas conmovedoras imágenes, comenzará la comunicación. Al principio, podréis vislumbrar sólo un atisbo de su cara o tal vez un pantallazo de un momento compartido que habíais olvidado. Cuando esto ocurra, sabréis que habéis hecho contacto. De allí en más, con la práctica constante, un atisbo se convierte en un momento, y a partir de un momento se establece una comunicación eterna.

No os sorprendáis si experimentáis sensaciones físicas tales como un escalofrío, que se apague la vela o un aroma a colonia, perfume o flores. Quizás oigáis campanadas lejanas. Y, en muchas oportunidades, después de una práctica esmerada, el ser querido se os aparecerá.

Más de un 66 % de las personas que han perdido un ser querido experimentan alguna forma de comunicación. Esos pasos, si se siguen exactamente como los he señalado, mejorarán vuestra capacidad para comunicaros con el otro lado.

Quienes, en lugar de hablar con los muertos, prefieran ver el futuro, o quieran leer los Registros Akáshicos con la esperanza de acceder a la historia del mundo, tienen que seguir unos pocos pasos diferentes. Primero, analizad vuestras razones para buscar este don y así aseguraos de que no se trata sencillamente de un mero interés personal. Debéis tener la voluntad y estar preparados para emplear el conocimiento que obtengáis en la mejora de nuestra conciencia colectiva.

Entonces, pensad en un amigo o un ser amado que sabéis en problemas (por ejemplo, bajo un gran estrés emocional o físicamente enfermo). Pedid a vuestro ser superior que os indique qué lección está tratando de aprender esa persona a partir de ese problema y qué necesitáis saber para ayudarla. En mi caso, la respuesta surge como el avance de una película: veo un rápido vídeo de la vida de esa persona, que me muestra lo que está atravesando, junto con la causa de su problema. Pero hay muchas maneras singulares de intuir y no existe un camino equivocado. Podréis oír una voz o sentir una respuesta sin imágenes. La cuestión es confiar en el proceso y en vuestra intuición, sin importar bajo qué forma se presente. Cuanto más sigáis vuestra intuición desde una posición de pureza y en beneficio de los demás, ésta más se fortalecerá. Es obligatorio entender que aquellos que se aventuren en el reino de los poderes y dones espirituales deben seguir un estricto código de honor y de integridad.

En ausencia de ese honor y de esa integridad espiritual, es fácil sucumbir a la tentación de un beneficio personal sin esfuerzo. Mucha gente queda atrapada en la avaricia y el propio interés. Cuando proceden de ese lugar de egocentrismo, los dones intuitivos, aunque innatos, pueden quedar bloqueados. Con frecuencia, podéis ser empujados a los planos astrales más bajos a consecuencia de haber intentado explotar vuestros dones intuitivos por algo que no sea el ideal espiritual más alto. Creedme, los días posteriores al rayo aprendí esta lección de la manera más dura, a través de muchas aventuras equivocadas. Pienso también que una de las razones que me llevaron a los acontecimientos de mi tercera experiencia de casi muerte, mi viaje al lugar azul-grisáceo, fue mostrarme las consecuencias que podía tener el mal uso del enorme poder y conocimiento espiritual que me habían otorgado. Os imploro que no cometáis los mismos errores. Los dones del Espíritu tienen que ser empleados de manera tal que aumenten vuestra sagacidad y capacidad de manifestar más amor en el mundo.

Para concluir, me gustaría que os visualicéis a vosotros mismos como seres espirituales poderosos, rodeados por muchos otros seres espirituales, de pie en un acantilado sobre un lago calmo, brillante y cristalino. En la mano lleváis un puñado de joyas valiosas que representan los sueños y deseos más altos de vuestra alma. Las aguas representan la conciencia colectiva de la vida. Imaginaos arrojando las joyas al lago y visualizando las ondas que se expanden por las aguas. Entonces mirad a los seres espirituales que están a vuestro alrededor arrojando también, uno tras otro, sus joyas al agua, hasta que la superficie entera del lago se cubra con las distintas ondas espirituales que se entrecruzan.

Ésta es la forma en que opera la vida. Cada uno de vuestros pensamientos, palabras y acciones tiene un efecto y es afectado por los pensamientos, palabras y acciones de todos los demás. Al guardar esta certeza en vuestro corazón, haced un esfuerzo consciente de crear cada día vuestras ondas a partir de joyas de amor y de expresar el propósito de contribuir a la evolución y potenciación de vuestra íntegra familia espiritual. El fin último de esta era en la historia humana es la unidad de conciencia, y para alcanzar este fin la forma más segura es estar en paz con nuestro poder espiritual. No es necesario un viaje al Cielo para que podáis ayudar a crear la paz en la Tierra. Para hacer del mundo un lugar mejor sólo se requiere el esfuerzo consciente de un corazón compasivo: un acto de amor por vez. El Espíritu se expande en la medida en que nosotros lo hacemos. Cada acto de bondad, de indulgencia y compasión ayuda al universo a crear más amor, porque sólo el amor es real y, como tal, es la fuerza vital que da nacimiento, nutre y sostiene toda la vida. El amor es nuestra esencia y es nuestro destino. Cuando elevemos nuestra conciencia para alcanzar esta verdad, cuando sintonicemos cada uno de nuestros pensamientos, palabras y actos con esta vibración, entonces crearemos el Cielo en la Tierra.